Gerd Achilles

Kassenführung in der Gastronomie

DATEV eG, 90329 Nürnberg (Verlag)

Kassenführung in der Gastronomie

© 2018 Alle Rechte, insbesondere das Verlagsrecht, allein beim Herausgeber.

Die Inhalte wurden mit größter Sorgfalt erstellt, erheben keinen Anspruch auf eine vollständige Darstellung und ersetzen nicht die Prüfung und Beratung im Einzelfall.

Dieses Buch und alle in ihm enthaltenen Beiträge und Abbildungen sind urheberrechtlich geschützt. Mit Ausnahme der gesetzlich zugelassenen Fälle ist eine Verwertung ohne Einwilligung der DATEV eG unzulässig.

Im Übrigen gelten die Geschäftsbedingungen der DATEV eG.

Printed in Germany

CPI Books GmbH, Birkstraße 10, 25917 Leck (Druck)

Angaben ohne Gewähr

Titelbild: © macgyverhh – fotolia.com

Stand: Juni 2018

DATEV-Artikelnummer: 35578/2018-06-01

E-Mail: literatur@service.datev.de   ISBN 978-3-944505-89-3

Auch als E-Book erhältlich (Art.-Nr.: 19879)   ISBN 978-3-944505-90-9

Dipl.-Finanzwirt (FH) Gerd Achilles

Der Autor ist seit etwa 15 Jahren Betriebsprüfer des Landes NRW. In dieser Eigenschaft ist er überwiegend mit Betriebsprüfungen im Bargeldgewerbe befasst.

Darüber hinaus gehört er dem Dozententeam für Risikomanagement bei Bargeschäften an der Bundesfinanzakademie an.

Außerhalb der Finanzverwaltung ist er als Fachbuchautor und Referent zum Thema Kassenführung in bargeldintensiven Unternehmen tätig.

Die Brancheninformation wurde nicht in dienstlicher Eigenschaft verfasst. Sie gibt die persönliche Rechtsauffassung des Autors wieder.

Editorial

Schon seit geraumer Zeit prüft die Finanzverwaltung verstärkt bargeldintensive Unternehmen. Dazu zählt auch das Gastgewerbe mit seinen rund 220.000 Betrieben und über 2,2 Millionen Mitarbeiterinnen und Mitarbeitern. Hier stellt die Kassenführung immer einen Schwerpunkt in Betriebsprüfungen dar. Kassenaufzeichnungen, die nicht den Grundsätzen ordnungsmäßiger Buchführung (GoB) und den steuerlichen Ordnungsvorschriften (§§ 145-147 AO) entsprechen, sind ein Risikopotential, das der Gastronom oft zu spät erkennt oder unterschätzt. Sieht er die Kassenführung eher als beschwerliche Nebenpflicht an, führt eine Betriebsprüfung häufig zu empfindlichen und teils existenzbedrohenden Steuernachzahlungen für mehrere Jahre, sei es aufgrund stiefmütterlicher Behandlung der Kassenaufzeichnungen, der Nichtvorlage von Unterlagen, die sich bei einem Dritten befinden (z. B. beim Kassendienstleister), des endgültigen Verlustes von vorlagepflichtigen Büchern, Aufzeichnungen und Belegen oder aufgrund unzureichender Kenntnisse über geltendes Recht.

Wird gegen die Grundprinzipien der Kassenführung verstoßen, ist der Ärger mit der Finanzverwaltung vorprogrammiert. Denn schon einzelne formelle Mängel in der Kassenführung können der gesamten Buchführung die

Ordnungsmäßigkeit nehmen. Zwar lassen solche Mängel nicht zwingend den Schluss auf nicht versteuerte Einnahmen zu, geben aber oft Anlass, die sachliche Richtigkeit der Bücher und Aufzeichnungen anzuzweifeln.

Stellt die Finanzverwaltung wesentliche formelle oder materielle Mängel in der Kassenführung fest, ist das Vertrauen in die Buchführung erschüttert (§ 158 AO). Dann können die in den Steuererklärungen ausgewiesenen Umsätze und Gewinne der Besteuerung nicht zu Grunde gelegt werden. Es kommt zur Schätzung (§ 162 AO). Neben den steuerlichen Auswirkungen durch Umsatz- und Gewinnschätzungen werden nicht selten Steuerstraf- oder Ordnungswidrigkeitenverfahren eingeleitet, in dessen Folge sich weitere Belastungen für den Unternehmer ergeben können (z. B. Geldauflagen nach § 153a StPO oder Bußgelder nach § 26a, b UStG), die bei ausreichender Kenntnis der Materie vermeidbar gewesen wären.

Hinzu kommt das neue Instrument der Kassen-Nachschau (§ 146b AO) – danach dürfen Amtsträger der Finanzbehörden seit dem 01.01.2018 unangekündigt die Geschäftsräume betreten und sofort Einblick in die Bücher und Aufzeichnungen einschließlich der Kassendaten nehmen.

Damit wird die ordnungsmäßig geführte Kasse zu einer der zentralen Herausforderungen des Gastgewerbes. Gerade aktuell führen Gesetzesänderungen und neue Anweisungen zu großer Verunsicherung. Die wachsenden Anforderungen an die formelle Ordnungsmäßigkeit erscheinen vielen Unternehmern kaum noch erfüllbar – umso mehr muss der Gastronom dafür Sorge tragen, dass er die materielle Richtigkeit seiner Umsätze und Gewinne belegen kann. Detaillierte Einzelaufzeichnungen und eine zielgerichtete EDV-Unterstützung können einen großen Teil dazu beitragen.

Das vor Ihnen liegende Buch soll vorrangig den typischen Schank- und Speisegaststätten als Ratgeber dienen. Für ähnlich gelagerte Unternehmen (z. B. Systemgastronomie, Hotels, Gasthöfe, Diskotheken, Bars, Cafés, Imbissstuben) lassen sich die Ausführungen weitgehend analog anwenden. Branchenspezifische Besonderheiten sollten mit dem Steuerberater besprochen werden.

Duisburg, im Juni 2018　　　　　　　　　　　*Gerd Achilles*

Inhalt

1	**Einführung in die Thematik**	**15**
1.1	Vorbemerkungen	15
1.2	Ordnungsmäßigkeit von Büchern und Aufzeichnungen	17
1.2.1	Grundsätzliche Anforderungen	17
1.2.2	Konkretisierungen für elektronische Aufzeichnungen	19
1.3	Grundaufzeichnungen	21
1.4	Kassenbuch	23
1.4.1	Grundsätze	23
1.4.2	Formen des Kassenbuchs	25
1.4.3	Führung des Kassenbuchs in Registrier- und PC-Kassen	27
1.5	Freiwillige Aufzeichnungen	28
1.5.1	Grundsatz	28
1.5.2	Aufzeichnungen über den Wareneinsatz	29
1.5.3	Schlechte Ertragslage	30
1.5.4	Verbrauchswerte (Strom/Wasser)	31
1.5.5	Reservierungsbücher – Pflicht oder Kür?	31
2	**Arten der Kassenführung**	**33**
2.1	Welche Möglichkeiten hat der Gastronom?	33
2.2	Kassendefekte	38
2.3	Wechsel des Kassensystems	38

2.3.1	Produktivsystem mit digitalen Einzelaufzeichnungen	39
2.3.2	Produktivsystem ohne digitale Einzelaufzeichnungen	40
2.3.3	Anschaffung von Gebrauchtkassen	41
2.4	Neben- und Unterkassen	42
2.4.1	Garderobe	43
2.4.2	Agenturkassen	43
2.4.3	Geschlossene Ladenkasse	44
2.4.4	Aufbewahrung im Safe oder Schließfach	46
3	**Steuerliche Ordnungsvorschriften (§§ 145 – 147 AO)**	**47**
3.1	Grundsatz der Nachvollziehbarkeit und Nachprüfbarkeit	47
3.2	Grundsatz der Vollständigkeit	49
3.2.1	Identität der Vertragspartner	51
3.2.2	Detailtiefe von Einzelaufzeichnungen	52
3.2.3	Fortlaufende Nummerierung	55
3.2.4	Bildung von Warengruppen	57
3.2.5	Offene Ladenkasse (OLK) ohne Einzelaufzeichnungen	58
3.2.5.1	Begriff der Waren	58
3.2.5.2	Identität der Kunden	61
3.2.5.3	Prüfung der Zumutbarkeit	61
3.2.5.4	Trennung der Entgelte	63

3.2.5.5	Nebeneinander von Registrierkasse und offener Ladenkasse	64
3.2.5.6	Systematik von Kassenberichten	68
3.2.5.7	Formerfordernisse des Kassenberichts	69
3.2.5.8	Gefahr der Überbesteuerung	70
3.3	Grundsatz der Richtigkeit	72
3.4	Grundsatz der Zeitgerechtheit	72
3.5	Grundsatz der Geordnetheit	74
3.6	Grundsatz der Unveränderbarkeit	75
3.6.1	Allgemeines	75
3.6.2	Stornobuchungen	77
3.6.3	Sicherstellung der Unveränderbarkeit	79
3.7	Ordnungsvorschriften für die Aufbewahrung von Unterlagen	83
4	**Aufzeichnungs-, Aufbewahrungs- & Vorlagepflichten bei elektronischen Aufzeichnungssystemen**	**85**
4.1	Vorbemerkungen	85
4.2	Aufbewahrung digitaler Unterlagen bei Bargeschäften	88
4.3	Datenzugriffsrechte der Finanzverwaltung	90
4.4	Verfahrensdokumentation	93
4.4.1	Grundsätze	93
4.4.2	Internes Kontrollsystem (IKS)	97

5	Der Tagesabschluss des Gastwirts	99
5.1	Dokumentation der Tageseinnahme	99
5.2	Geldzählung und Zählprotokolle	101
5.2.1	Grundsätzliches	101
5.2.2	Kassensturzfähigkeit	102
5.2.3	Zählprotokolle	103
5.3	EC- und Kreditkartenzahlungen	106
5.4	Scheckzahlungen	107
5.5	Trinkgelder	108
5.6	Privatentnahmen und Privateinlagen	109
5.6.1	Belegpflicht	109
5.6.2	Kritische Erfassung am Monatsende	109
5.6.3	Ungeklärte Einlagen	110
5.7	Geldtransit	111
5.8	Kassenverluste durch Diebstahl	111
5.9	Privat verauslagte Aufwendungen	115
5.10	Gutscheine	116
6	**Kassenführung bei Gewinnermittlung nach § 4 Abs. 3 EStG**	**120**
7	**Rechtsfolgen einer fehlerhaften Kassenführung**	**124**
7.1	§ 158 AO – das Einfallstor zur Schätzung	124
7.2	Schätzung bei formell nicht ordnungsgemäßen Aufzeichnungen	125

7.3	Schätzung bei formell ordnungsgemäßen Aufzeichnungen	128
7.4	Sonstige Rechtsfolgen	130
8	**Kassen-Nachschau (§ 146b AO)**	**131**
8.1	Betroffene Systeme	132
8.2	Zeitpunkt der Nachschau	133
8.3	Zeitraum der Nachschau	133
8.4	Ablauf der Nachschau	134
8.4.1	Beginn	134
8.4.2	Allgemeine Mitwirkungspflichten	136
8.4.3	Kassensturz	138
8.4.4	Fotografien und Scans	139
8.5	Abschluss der Kassen-Nachschau	139
8.5.1	Ergebnislose Nachschau	140
8.5.2	Änderung von Besteuerungsgrundlagen	140
8.5.3	Überleitung in eine Außenprüfung	141
8.6	Rechtsbehelfe	141
8.7	Vorbereitung auf eine Kassen-Nachschau	142
9	**Ausblick auf den 01.01.2020**	**144**
10	**Richtsätze**	**148**
10.1	Ermittlung der Richtsätze	149
10.2	Gast-, Speise- und Schankwirtschaften	150
10.3	Pizzerien	151
10.4	Imbissbetriebe	152

11	**Abgrenzung von Lief. & so. Leistungen bei Abgabe von Speisen & Getränken**	**153**
11.1	Abschn. 3.6 UStAE	153
12	**DATEV-Lösungen**	**170**
12.1	DATEV Kassenbuch online	170
12.1.1	Einführung	170
12.1.2	Programmziel	170
12.1.3	Programminhalt	171
12.2	DATEV Datenprüfung comfort	172
12.2.1	Einführung	172
12.2.2	Programmziel	174
12.2.3	Programminhalt	176
12.3	DATEV Kassenarchiv online	179

Abkürzungsverzeichnis

a. a. O.	am angegebenen Ort
AEAO	Anwendungserlass zur Abgabenordnung
AG	Aktiengesellschaft
AO	Abgabenordnung
BFH	Bundesfinanzhof
BMF	Bundesministerium der Finanzen
BStBl.	Bundessteuerblatt
EDV	Elektronische Datenverarbeitung
EFG	Entscheidungen der Finanzgerichte (Zeitschrift)
EGAO	Einführungsgesetz zur Abgabenordnung
EStG	Einkommensteuergesetz
EÜR	Einnahmeüberschussrechnung
FAIT	Fachausschuss für Informationstechnologie
ff.	folgende
FG	Finanzgericht
FGO	Finanzgerichtsordnung
GbR	Gesellschaft bürgerlichen Rechts
ggf.	gegebenenfalls
GmbH	Gesellschaft mit beschränkter Haftung
GoBD	Grundsätze zur ordnungsmäßigen Führung und Aufbewahrung von Büchern, Aufzeichnungen und Unterlagen in elektronischer Form sowie zum Datenzugriff
GoBIT	Entwurf der Grundsätze ordnungsgemäßer Buchführung beim IT-Einsatz vom 13.10.2012
IDW	Institut der Wirtschaftsprüfer

Abkürzungsverzeichnis

IKS	Internes Kontrollsystem
i. S. d.	im Sinne des/der
i. V. m.	in Verbindung mit
HGB	Handelsgesetzbuch
KG	Kommanditgesellschaft
m. w. N.	mit weiteren Nachweisen
o. g.	oben genannt
OHG	Offene Handelsgesellschaft
PLU	Price Look Up
Rz	Randziffer
SGB	Sozialgesetzbuch
sog.	sogenannt
StGB	Strafgesetzbuch
StPO	Strafprozessordnung
UStAE	Umsatzsteuer-Anwendungserlass
UStDV	Umsatzsteuer-Durchführungsverordnung
UStG	Umsatzsteuergesetz

1 Einführung in die Thematik

1.1 Vorbemerkungen

Erfahrungen zeigen, dass Prüfungen in der Gastronomie häufig zu empfindlichen und teils existenzbedrohenden Steuernachzahlungen für mehrere Jahre führen, weil Kassenaufzeichnungen nicht ordnungsgemäß geführt wurden. Der Gesetzgeber stellt an die zu führenden Bücher und Aufzeichnungen hohe Anforderungen, ohne diese speziell für einzelne Berufsgruppen bestimmen zu können.

In den Grundsätzen zur ordnungsmäßigen Führung und Aufbewahrung von Büchern, Aufzeichnungen und Unterlagen in elektronischer Form sowie zum Datenzugriff[1] heißt es dazu:

> *Form, Umfang und Inhalt der nach außersteuerlichen und steuerlichen Rechtsnormen aufzeichnungs- und aufbewahrungspflichtigen Unterlagen (Daten, Datensätze sowie Dokumente in elektronischer oder Papierform) und die zu Ihrem Verständnis erforderlichen Unterlagen werden durch den Steuerpflichtigen bestimmt. Die Finanzverwaltung kann diese Unterlagen nicht abstrakt im Vorfeld für alle Unternehmen abschließend definieren, weil die betrieblichen Abläufe, die aufzeichnungs-*

---

[1] GoBD vom 14.11.2014, BStBl. 2014 I S. 1450.

und aufbewahrungspflichtigen Aufzeichnungen und Unterlagen sowie die eingesetzten Buchführungs- und Aufzeichnungssysteme in den Unternehmen zu unterschiedlich sind.

> Für die Ordnungsmäßigkeit elektronischer Bücher und sonst erforderlicher Aufzeichnungen einschließlich der eingesetzten Verfahren ist allein der Steuerpflichtige verantwortlich. Diese Verantwortung kann selbst bei einer teilweisen oder vollständigen organisatorischen und technischen Auslagerung von Buchführungs- und Aufzeichnungsaufgaben nicht auf Dritte, z. B. auf Steuerberater oder Kassendienstleister delegiert werden (GoBD, Rz. 21). Um dieser Verantwortung gerecht zu werden, sollten Sie gemeinsam mit dem Steuerberater die für Ihren Betrieb notwendigen Bücher, Aufzeichnungen und Unterlagen bestimmen, um die Kassenführung in die richtigen Bahnen zu lenken.

1 Einführung in die Thematik

1.2 Ordnungsmäßigkeit von Büchern und Aufzeichnungen

1.2.1 Grundsätzliche Anforderungen

Die formellen Anforderungen an die Ordnungsmäßigkeit von Büchern und Aufzeichnungen ergeben sich

- aus außersteuerlichen Buchführungs- und Aufzeichnungspflichten (z. B. nach Handelsrecht und den dort bezeichneten handelsrechtlichen Grundsätzen ordnungsmäßiger Buchführung), die sich das Steuerrecht über § 140 AO zu Nutze macht, wenn sie für die Besteuerung von Bedeutung sind,

- aus zahlreichen branchenspezifischen und gewerberechtlichen Aufzeichnungspflichten, wenn sie für die Besteuerung von Bedeutung sind (z. B. aus der Gewerbeordnung, dem Gaststättengesetz, der Spielverordnung oder dem Mindestlohngesetz),

- aus steuerlichen Buchführungs- und Aufzeichnungspflichten, z. B.
  - § 143 AO (Aufzeichnung des Wareneingangs),
  - § 144 AO (Aufzeichnung des Warenausgangs),
  - § 22 UStG (umsatzsteuerliche Aufzeichnungspflichten),
  - § 4 Abs. 4a S. 6 EStG (Aufzeichnung von Entnahmen und Einlagen).

1 Einführung in die Thematik

Die sog. steuerlichen Ordnungsvorschriften (§§ 145-147 AO) bestimmen darüber hinaus, wie die o. g. Bücher und sonst erforderlichen Aufzeichnungen und die zu deren Verständnis erforderlichen Unterlagen geführt und aufbewahrt werden müssen sowie in welcher Form sie der Finanzbehörde vorzulegen sind.

Neben den o. g. Büchern, Aufzeichnungen und Unterlagen zu Geschäftsvorfällen sind alle Unterlagen aufzubewahren, die zum Verständnis und zur Prüfung der für die Besteuerung gesetzlich vorgeschriebenen Aufzeichnungen im Einzelfall von Bedeutung sind.[2]

Beispiel: Gaststätten haben in Speise- und Getränkekarten ihre Preise anzugeben, die einschließlich der Bedienungsgelder, der Umsatzsteuer und sonstiger Preisbestandteile vom Verbraucher zu zahlen sind. Zu diesem Zweck ist in den Geschäftsräumen und soweit vorhanden, zusätzlich im Schaufenster oder im Schaukasten, ein **Preisverzeichnis** anzubringen (§§ 1 Abs. 1 i. V. m. 5 Abs. 1 Preisangabenverordnung). Für steuerliche Zwecke sind die Preisverzeichnisse mit Gültigkeitsangaben zu versehen und 10 Jahre aufzubewahren (§§ 147 Abs. 1 Nr. 5 i. V. m. 140 AO). Das gilt auch für Sonderaktionen, die in Flyern, Zeitungsannoncen oder im Internet (z. B. bei Facebook) beworben werden. Preisverzeichnisse sind ohne steuerliche Bedeutung, soweit die erforderlichen Aufzeichnungen aus den Kasseneinzeldaten ersichtlich sind.

---

[2] BFH-Urteil vom 24.06.2009, BStBl. 2010 II S. 372.

1.2.2 Konkretisierungen für elektronische Aufzeichnungen

Noch heute verwenden wir zahlreiche Vorschriften, die einer Zeit entstammen, in der es keine elektronischen Aufzeichnungssysteme gab. Es galt also, das für Papierunterlagen bestehende Regelwerk in die digitale Welt zu „transformieren". Solche Konkretisierungen finden sich aus **handelsrechtlicher** Sicht in den

- Grundsätzen ordnungsgemäßer Buchführung bei Einsatz von Informationstechnologie vom 24.09.2002 (IDW RS FAIT 1),

- Grundsätzen ordnungsgemäßer Buchführung bei Einsatz von Electronic Commerce vom 29.09.2003 (IDW RS FAIT 2),

- Grundsätzen ordnungsgemäßer Buchführung beim Einsatz elektronischer Archivierungsverfahren vom 11.07.2006 (IDW RS FAIT 3),

- Grundsätzen ordnungsgemäßer Buchführung bei Auslagerung von rechnungslegungsrelevanten Prozessen und Funktionen einschließlich Cloud Computing vom 10.12.2015 (IDW RS FAIT 5) und in dem

- Entwurf der Grundsätze ordnungsgemäßer Buchführung beim IT-Einsatz vom 13.10.2012 (GoBIT).

Aus **steuerrechtlicher** Sicht werden die für die Kassenführung relevanten GoB und steuerlichen Ordnungsvor-

1 Einführung in die Thematik

schriften in den Grundsätzen zur ordnungsmäßigen Führung und Aufbewahrung von Büchern, Aufzeichnungen und Unterlagen in elektronischer Form sowie zum Datenzugriff vom 14.11.2014 (GoBD) und den ergänzenden Informationen zur Datenträgerüberlassung, ebenfalls vom 14.11.2014, konkretisiert.

Im Zweifel kann über sog. **Analogieschlüsse** festgestellt werden, ob die Ordnungsvorschriften eingehalten wurden. Kurzum: Wie war es früher?

Bei der Aufzeichnung und Aufbewahrung von Geschäftsvorfällen müssen sowohl für Papierunterlagen als auch für elektronische Unterlagen die nachfolgenden Anforderungen für die Dauer der Aufbewahrungsfrist beachtet werden:

1 Einführung in die Thematik

- Grundsatz der Nachvollziehbarkeit und Nachprüfbarkeit (▶*Kapitel 3.1*).
- Grundsatz der Vollständigkeit und Verpflichtung zur Führung von Einzelaufzeichnungen (▶*Kapitel 3.2*).
- Grundsatz der Richtigkeit (▶*Kapitel 3.3*).
- Grundsatz der Zeitgerechtheit (▶*Kapitel 3.4*).
- Grundsatz der Geordnetheit (▶*Kapitel 3.5*).
- Grundsatz der Unveränderbarkeit (▶*Kapitel 3.6*).

1.3 Grundaufzeichnungen

Die Erfassung der Geschäftsvorfälle erfolgt in Grundaufzeichnungen, wobei sich Art und Anzahl der zu verwendenden Grundbücher/Grundaufzeichnungen nicht generalisiert festlegen lassen. Die Entscheidung darüber liegt beim Gastwirt, ausgerichtet an der Zweckmäßigkeit und den technischen und organisatorischen Anforderungen des einzelnen Unternehmens. Zu den wichtigsten Grundaufzeichnungen in der Gastronomie gehören das Kassenbuch (▶*Kapitel 1.4*) oder vergleichbare Grundaufzeichnungen bei Nichtbuchführungspflichtigen.

In Grundaufzeichnungen müssen die Geschäftsvorfälle zunächst dokumentiert und anschließend zeitnah, unverlierbar und leicht auffindbar gesichert werden, damit sie bis zum Ablauf der geltenden Aufbewahrungsfristen nicht verloren gehen (Grundaufzeichnungsfunktion).

1 Einführung in die Thematik

Ein bestimmtes Ordnungssystem wird vom Gesetzgeber nicht vorgegeben. Jedes System, durch das die Geschäftsvorfälle fortlaufend, vollständig und richtig festgehalten werden, sodass die Grundaufzeichnungsfunktion erfüllt wird, ist ordnungsmäßig. Es müssen aber sämtliche Geschäftsvorfälle der zeitlichen Reihenfolge nach und materiell mit ihrem richtigen und erkennbaren Inhalt festgehalten werden. Ohne Erfüllung der Grundaufzeichnungsfunktion haben Bücher und Aufzeichnungen keine Beweiskraft, sie sind wertlos.[3]

> Grundaufzeichnungen dienen der Belegsicherung und der Garantie der Unverlierbarkeit der Geschäftsvorfälle. Sie müssen vollständig, richtig, zeitnah, unveränderbar und geordnet erfolgen. Praktische Schwierigkeiten, einzelne Geschäftsvorfälle zu erfassen, z. B. hohes Kundenaufkommen, rechtfertigen keinen Verzicht auf Grundaufzeichnungen.

---

[3] BFH-Urteil vom 26.03.1968, IV 63/63, Rz. 37-40.

1.4 Kassenbuch

1.4.1 Grundsätze

Der erste Schritt in Richtung rechtskonformer Kassenführung ist die Prüfung der Frage, ob ein Kassenbuch geführt werden muss. Sie ist abhängig davon zu beantworten, ob der Gastwirt zur Führung von Büchern und damit zur Aufstellung einer Bilanz verpflichtet ist oder eine Einnahmeüberschussrechnung nach § 4 Abs. 3 EStG ausreichend ist.

Nach § 238 HGB ist jeder Kaufmann verpflichtet, Bücher zu führen und in diesen seine Handelsgeschäfte und die Lage seines Vermögens nach den Grundsätzen ordnungsmäßiger Buchführung ersichtlich zu machen. Diese Verpflichtung ist auch für steuerliche Zwecke zu erfüllen (§ 140 AO).

Wird der Betrieb in Form einer Handelsgesellschaft betrieben (z. B. OHG, KG, AG oder GmbH), unterliegt diese als Kaufmann kraft Rechtsform dem Handelsrecht (§ 6 HGB). Dem folgt die Pflicht zur Bilanzierung und zur Führung eines Kassenbuchs.

Betreibt der Gastronom ein Einzelunternehmen oder betreiben mehrere Gastwirte eine GbR, ergibt sich die Kaufmannseigenschaft durch Führung eines Gewerbebetriebs aus § 1 HGB (Kaufmann kraft Betätigung). Auch hier besteht grundsätzlich die Verpflichtung zur Führung eines

1 Einführung in die Thematik

Kassenbuchs. Das gilt nicht, wenn der Gewerbebetrieb nach Art und Umfang einen in kaufmännischer Weise eingerichteten Geschäftsbetrieb nicht erfordert, es sei denn, dass sich der Betrieb freiwillig ins Handelsregister eintragen lässt (Kann-Kaufmann i. S. d. § 2 HGB) oder freiwillig Bücher führt (§ 5 Abs. 1 EStG).

Einzelkaufleute, die an den Abschlussstichtagen von zwei aufeinanderfolgenden Geschäftsjahren nicht mehr als jeweils 600.000 Euro Umsatzerlöse oder 60.000 Euro Jahresüberschuss aufweisen, können sich von der Führung von Büchern befreien lassen (§§ 241a, 242 HGB).

Besteht keine handelsrechtliche Buchführungspflicht, kann die Finanzverwaltung den Steuerpflichtigen zur Buchführung auffordern, weil die Umsätze 600.000 Euro im Kalenderjahr übersteigen oder der Gewinn aus Gewerbebetrieb 60.000 Euro im Wirtschaftsjahr übersteigt (sog. abgeleitete Buchführungspflicht i. S. d. § 141 AO).

> Wer zur Führung von Büchern verpflichtet ist oder freiwillig Bücher führt, hat für die baren Betriebseinnahmen und Ausgaben ein Kassenbuch zu führen (ggf. in der Form aneinandergereihter Kassenberichte).[4]

---

[4] AEAO zu § 146, Nr. 1.4.

1.4.2 Formen des Kassenbuchs

Der Gesetzgeber gibt die äußere Gestalt von Kassenbüchern nicht vor, sodass verschiedene Möglichkeiten bestehen:

- Kassenbuch oder Kassenbestandsrechnung **in Papierform** als
  - Loseblattsammlung,
  - gebundenes Buch oder
  - Kassenbuch in Form aneinandergereihter Kassenberichte.
- Kassenbuch in **elektronischer Form**.

Kassenbuch und Kassenbestandsrechnung sind **progressiv** aufgebaut und weisen die gleiche Systematik auf. Der Unterschied besteht lediglich darin, dass Kassenbücher bzw. deren Kassenbuchblätter in der Regel einen gesamten Monat abbilden, während die Bargeldbewegungen in einer Kassenbestandsrechnung für jeden Geschäftstag einzeln auf einem gesonderten Blatt dargestellt werden.

1 Einführung in die Thematik

Berechnungsschema Kassenbuch/Kassenbestandsrechnung:

Kassenendbestand des Vortages	**123,50 Euro**
+ Bareinnahmen (Tageslosung)	438,30 Euro
+ Privateinlagen	200,00 Euro
+ sonstige Einnahmen (z. B. Geldtransit)	30,00 Euro
./. Wareneinkäufe / Nebenkosten	217,95 Euro
./. Geschäftsausgaben	39,90 Euro
./. Privatentnahmen	55,80 Euro
./. sonstige Ausgaben (z. B. Geldtransit)	300,00 Euro
= Kassenendbestand bei Geschäftsschluss	**178,15 Euro**

Im Unterschied zu Kassenbüchern und Kassenbestandsrechnungen sind Kassenberichte retrograd aufgebaut.

Berechnungsschema Kassenbericht:

Kassenendbestand bei Geschäftsschluss	**178,15 Euro**
+ Wareneinkäufe / Nebenkosten	217,95 Euro
+ Geschäftsausgaben	39,90 Euro
+ Privatentnahmen	55,80 Euro
+ sonstige Ausgaben (z. B. Geldtransit)	300,00 Euro
= Kasseneingang	791,80 Euro
./. Kassenendbestand des Vortages	123,50 Euro
./. Privateinlagen	200,00 Euro
./. sonstige Einnahmen (z. B. Geldtransit)	30,00 Euro
= Bareinnahmen (Tageslosung)	**438,30 Euro**

Das Erfordernis größter Zeitnähe bringt es mit sich, dass der Unternehmer seine Kassenaufzeichnungen **selbst** führen muss. Diese Aufgabe kann er nicht auf einen Angehörigen der steuerberatenden Berufe delegieren.

Einnahmeüberschussrechner nach § 4 Abs. 3 EStG sind nicht verpflichtet, ein Kassenbuch zu führen. Hier genügen Grundaufzeichnungen in vereinfachter Form, z. B. handschriftliche Aufstellungen über die Betriebseinnahmen und -ausgaben (▶*Kapitel 6*).

1.4.3 Führung des Kassenbuchs in Registrier- und PC-Kassen

Werden sämtliche baren Geschäftsvorfälle (Erlöse, Betriebsausgaben, Privatentnahmen, Privateinlagen, Geldtransit, etc.) ordnungsmäßig in einem elektronischen Aufzeichnungssystem geführt und nimmt dieses damit auch die Geschäftsvorfälle auf, die gewöhnlich in einem Kassenbuch erfasst werden, ist die zusätzliche Führung eines elektronischen oder papierbasierten Kassenbuchs entbehrlich (Erfüllung der Grund(buch)aufzeichnungsfunktion im Vorsystem).

1.5 Freiwillige Aufzeichnungen

1.5.1 Grundsatz

Immer wieder wird in Betriebsprüfungen kontrovers über die Fragen diskutiert, welche Unterlagen der Gastronom anfertigen muss, ob diese hätten aufbewahrt werden müssen oder inwieweit sie vorlagepflichtig sind. Grundsätzlich gilt: Neben den außersteuerlichen und steuerlichen Büchern, Aufzeichnungen und Unterlagen zu Geschäftsvorfällen sind alle Unterlagen aufzubewahren, die zum Verständnis und zur Überprüfung der für die Besteuerung gesetzlich vorgeschriebenen Aufzeichnungen im Einzelfall von Bedeutung sind.

Die Pflicht zur Vorlage von Unterlagen setzt grundsätzlich immer eine Aufzeichnungspflicht voraus und besteht mithin nur in diesem Umfang.[5]

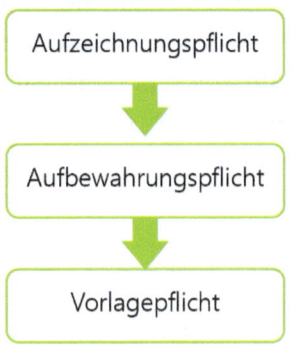

---

[5] BFH-Urteil vom 24.06.2009, BStBl. 2010 II S. 452; GoBD, Rz. 5.

Private und nicht aufzeichnungspflichtige Vorgänge, freiwillige Aufzeichnungen oder über die gesetzliche Pflicht hinausgehende Daten und Unterlagen können vom Steuerpflichtigen jederzeit gelöscht oder vernichtet werden, wenn sich eine Aufbewahrungspflicht nicht aus anderen Gesetzen ergibt. Gerade solche Unterlagen helfen jedoch, um im Bedarfsfall bestimmte Sachverhalte nachweisen oder glaubhaft machen zu können. Damit lassen sich unter Umständen auch etwaige Kalkulationsdifferenzen verringern oder gar „in Luft auflösen".

1.5.2 Aufzeichnungen über den Wareneinsatz

Um im Rahmen einer Betriebsprüfung bzw. einer Nachkalkulation belastbares Zahlenmaterial vorlegen zu können, sollte der Wareneinsatz exakt dokumentiert werden, ferner

- der Wareneinsatz für
  - Personalbeköstigung,
  - Eigenverbrauch (Unternehmer und Familienangehörige),
  - Freigetränke (sog. Hausbons).
- verbilligte Veräußerung von Waren (z. B. Sonderaktionen).
- Verderb von Waren.
- vergeblicher Wareneinsatz ("Zechpreller").

1 Einführung in die Thematik

- Gefälligkeitseinkäufe im Großhandel für Familienmitglieder, Freunde, etc.
- (freiwillige) Aufzeichnungen über Warenbestände bei Gewinnermittlung nach § 4 Abs. 3 EStG.

> Freigetränke sind anlassbezogen zu beurteilen. Bei geschäftlicher Veranlassung (z. B. Geschäftsjubiläum, Lokalrunden) handelt es sich um Werbeaufwand des Gastwirts. Liegt dem Ausschank dagegen ein privater Anlass zu Grunde (z. B. Geburtstag, Hochzeit), liegen Privatentnahmen des Gastwirts vor.[6]

1.5.3 Schlechte Ertragslage

Mit Ausnahme von regelmäßigen Ruhetagen sollten Tage oder Zeiträume, an denen keine oder nur sehr geringe Einnahmen erzielt wurden, besonders dokumentiert werden, um bei einer Betriebsprüfung nicht in Beweisnot zu kommen. Notizen über abweichende Öffnungszeiten, Ausfallzeiten der Mitarbeiter, Einschränkungen durch Baustellen etc. können hilfreich werden, weil der Betriebsprüfer dank moderner Prüftechniken Lücken oder Schwankungen in den Tageseinnahmen schnell erkennt. Ob der Gastwirt

---

[6] FG Hamburg vom 06.09.1982 – V 89/81, EFG 1983 S. 110.

nach Jahren noch diesbezügliche Fragen des Prüfers beantworten kann, erscheint ohne entsprechende Aufzeichnungen fraglich.

1.5.4 Verbrauchswerte (Strom/Wasser)

Ebenfalls freiwillig könnten die monatlichen Verbrauchswerte (Strom, Gas, Wasser) abgelesen und festgehalten werden, um Betriebseinnahmen durch (eigene) Zeitreihenvergleiche plausibilisieren zu können:

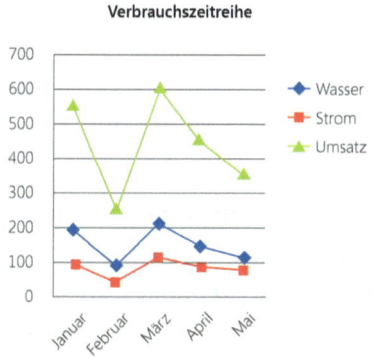

1.5.5 Reservierungsbücher – Pflicht oder Kür?

Einer Entscheidung des Finanzgerichts Rheinland-Pfalz[7] zufolge sind Termin- oder Reservierungsbücher grundsätzlich nicht aufbewahrungspflichtig. Im entschiedenen Fall führte das Gericht aus, dass Terminbücher weder un-

---

[7] FG Rheinland-Pfalz vom 24.08.2011, EFG 2012 S. 10.

ter die aufbewahrungspflichtigen Unterlagen nach § 147 Abs. 1 Nr. 1 AO noch unter die sonstigen für die Besteuerung bedeutsamen Unterlagen i. S. d. § 147 Abs. 1 Nr. 5 AO fielen; ihnen sei lediglich organisatorische Bedeutung beizumessen, etwa zur effizienten Personalsteuerung, Vermeidung von Wartezeiten oder Vergabe von Kundenterminen. Dagegen sah das Finanzgericht München den Reservierungskalender durchaus als aufbewahrungspflichtige Unterlage an.[8]

Hinweis

Zweckmäßig erscheint, erstellte Reservierungsbücher vor der Vernichtung zu bewahren. Gerade im Fall einer Schätzung gewinnen Reservierungsbücher unter Umständen erhebliches Gewicht, das bei plausiblen Eintragungen auch zu Gunsten des Unternehmers ausschlagen kann. Das gilt insbesondere bei Schätzungen, die auf einer sog. Tischkalkulation aufbauen. Es wird daher empfohlen, solche Aufzeichnungen grundsätzlich immer aufzubewahren, um sie auf Anforderung des Amtsträgers vorlegen zu können.

---

[8] FG München vom 17.11.2011, 13 V 357/11.

2 Arten der Kassenführung

2.1 Welche Möglichkeiten hat der Gastronom?

Anders als in vielen europäischen Ländern existiert in Deutschland keine Verpflichtung, ein elektronisches Aufzeichnungssystem zu nutzen.[9] Es gibt keine Registrierkassenpflicht, d. h. der Unternehmer ist in der Wahl seines Aufzeichnungsmittels grundsätzlich frei. Er kann seine Kasseneinnahmen und -ausgaben sowohl elektronisch als auch auf Papier festhalten, soweit das eingesetzte Verfahren den Grundsätzen ordnungsmäßiger Buchführung entspricht.

---

[9] AEAO zu § 146, Nr. 3.1.

2 Arten der Kassenführung

Hinweis

Wenngleich keine Verpflichtung zur Nutzung eines elektronischen Systems besteht, sind sie zumindest in Speiselokalen kaum noch wegzudenken (sog. faktische Registrierkassenpflicht). Denn Voraussetzung für den Betriebsausgabenabzug beim Leistungsempfänger ist eine maschinell erstellte und mit einer laufenden Registriernummer versehene Rechnung oder bei üblicherweise unbar gezahlten, höheren Bewirtungsaufwendungen eine manuell erstellte Rechnung unter Beifügung des Zahlungsbelegs.[10]

Nach der bis zum 31.12.2016 geltenden Rechtslage war es erforderlich, die in der Gastronomie üblichen Aufzeichnungssysteme feingliedrig zu unterteilen. Seit der Aufhebung eines Schreibens des BMF vom 09.01.1996 (BStBl. I S. 96) zum 31.12.2016 ist das nicht mehr erforderlich. Die Einteilung der Kassen und deren Zulässigkeit stellen sich wie folgt dar:

---

[10] BMF-Schreiben vom 21.12.1994, BStBl. I S. 855, Tz. 2.

2 Arten der Kassenführung

Klassifizierung bis 31.12.2016	ab 01.01.2017	Zulässigkeit in der Gastronomie
Offene Ladenkasse **ohne** Einzelaufzeichnungen		einzelfallabhängig (▶ *Kap. 3.2.5*)
Offene Ladenkasse **mit** Einzelaufzeichnungen in Papierform (Bedienerzettel, Bierdeckel)		ja
Geschlossene Ladenkasse (z. B. Billard-, Dart-, sonstige Spiel- und Warenautomaten)		ja
EDV-Registrierkasse mit 2 Druckwerken (Bon und Journalrolle), Datenexport nicht möglich	EDV-Registrierkassen **ohne** Einzelaufzeichnungen	nein
EDV-Registrierkasse mit einem Druckwerk (Bon oder Journalrolle), elektronisches Journal mit begrenztem Speicher, nachträglicher Ausdruck der Journalrolle möglich, Datenexport nicht möglich		

2 Arten der Kassenführung

Klassifizierung bis 31.12.2016	ab 01.01.2017	Zulässigkeit in der Gastronomie
EDV-Registrierkasse mit einem Druckwerk (Bon oder Journalrolle), elektronischem Journal mit begrenztem Speicher, Datenexport von Einzelaufzeichnungen über Backoffice-System möglich	EDV-Registrierkassen **mit** Einzelaufzeichnungen	ja
EDV-Registrierkasse mit einem Druckwerk (Bon oder Journalrolle), elektronisches Journal, Datenexport von Einzelaufzeichnungen über Schnittstellen (z. B. Speicherkarte, USB) möglich		
Proprietäres Kassensystem mit herstellereigenem Betriebssystem („Embedded"-Technologie), Datenexport von Einzelaufzeichnungen über Schnittstellen (z. B. Speicherkarte, USB) möglich		
PC-Kassen mit handelsüblichem Betriebssystem (z. B. Windows, Linux), nahezu unbegrenzte Speichermöglichkeiten, Datenexport von Einzelaufzeichnungen über Schnittstellen (z. B. Speicherkarte, USB) möglich		ja
App-Kassen (Betriebssystem z. B. Android, iOS) unter Verwendung von Tablets/Handys und einer App (Speicherung der Daten häufig in der Cloud)		ja

2 Arten der Kassenführung

EDV-Registrierkassen ohne Einzelaufzeichnungen (ältere Bauart) können die Anforderungen des Gesetzgebers spätestens seit dem 01.01.2017 nicht mehr erfüllen. Die erforderlichen Daten der einzelnen Geschäftsvorfälle werden zwar durch entsprechende Tastatureingaben elektronisch erzeugt, im Gerät aber nicht dauerhaft gespeichert. Sie werden zum einen auf die Journalrolle umgelenkt, zum anderen fließen sie in fortlaufend aufaddierte Tages- und Periodenspeicher. Deren Summen werden mit Erstellung des Z-Bons abgerufen. Bauartbedingt löscht die Kasse gleichzeitig die Einzeldaten mit der Folge, dass Datenzugriffsrechte der Finanzverwaltung hier schon immer ins Leere liefen. Der uneingeschränkten Weiterverwendung solcher Registrierkassen hat das BMF einen Riegel vorgeschoben.[11] Seit dem 26.11.2010 durften sie nur noch verwendet werden, wenn die Speicherung der Einzeldaten nicht durch technisch mögliche Softwareanpassungen oder Speichererweiterungen erreicht werden konnte (sog. Aufrüstungsverpflichtung) und die Anforderungen des BMF-Schreibens vom 09.01.1996[12] weiterhin voll umfänglich beachtet wurden. Unter dieser Voraussetzung durfte und darf die Registrierkasse nur noch in einem Übergangszeitraum bis zum 31.12.2016 eingesetzt werden. Für Zeiträume ab 01.01.2017 sind die Aufbewahrungserleichterungen des BMF-Schreibens vom 09.01.1996 (a.a.O.) nicht mehr anwendbar.

---

[11] BMF-Schreiben vom 26.11.2010, BStBl. 2010 I S. 1342.
[12] BMF-Schreiben vom 09.01.1996, BStBl. 1996 I S. 96.

2.2 Kassendefekte

Erfahrungen zeigen, dass sich nur wenige Unternehmer vorausschauend Gedanken darüber machen, wie mit technischen Problemen, kurzfristigen Stromausfällen oder einem Totalausfall des Vorsystems umgegangen werden muss.

Technische Probleme, z. B. beim Abruf des Z-Bons oder Ausfall des W-LAN-Netzes, müssen ausreichend dokumentiert werden. Bei einem Totalausfall sind handschriftliche Einzelaufzeichnungen zu führen, wenn kein geeignetes Ersatzgerät zur Verfügung steht. Ggf. kommt auch die Führung einer offenen Ladenkasse ohne Einzelaufzeichnungen in Betracht, soweit die Voraussetzungen dafür vorliegen (▶*Kapitel 3.2.5*). Die Ausfallzeiten müssen dokumentiert werden. Rechnungen über Kassenreparaturen sind, soweit vorhanden, aufbewahrungs- und vorlagepflichtig.[13]

2.3 Wechsel des Kassensystems

Werden elektronische Aufzeichnungssysteme (Produktivsysteme) ausgetauscht oder abgeschaltet, ist zu beachten, dass der Finanzverwaltung Datenzugriffsrechte zustehen, die sie bei einer Außenprüfung oder Nachschau geltend machen wird (▶*Kapitel 4.3*). Abhängig von den

---

[13] AEAO zu § 146, Nr. 2.1.6.

Speichermöglichkeiten der Einzeldaten ergeben sich daraus unterschiedliche Anforderungen an die Aufbewahrung der Altsysteme.

2.3.1 Produktivsystem mit digitalen Einzelaufzeichnungen

Hier muss rechtzeitig an Datensicherungsmaßnahmen gedacht werden, um die Ordnungsmäßigkeit der Kassenführung nicht zu gefährden (vgl. GoBD, Rz. 103, 104). Die aufzeichnungs- und aufbewahrungspflichtigen Daten (einschließlich Metadaten, Stammdaten, Bewegungsdaten und der erforderlichen Verknüpfungen) müssen unter Beachtung der steuerlichen Ordnungsvorschriften (▶*Kapitel 3*) **quantitativ und qualitativ gleichwertig** in eine neue Datenbank, in ein Archivsystem oder in ein anderes System überführt werden. Das neue System, das Archivsystem oder das andere System muss in quantitativer und qualitativer Hinsicht die gleichen Auswertungen der aufzeichnungs- und aufbewahrungspflichtigen Daten ermöglichen, als wären die Daten noch im Produktivsystem (GoBD, Rz. 142). Andernfalls ist die ursprüngliche Hard- und Software des Produktivsystems aufzubewahren (vgl. zu weiteren Einzelheiten GoBD, Rz. 143, 144).

2.3.2 Produktivsystem ohne digitale Einzelaufzeichnungen

Wird eine Registrierkasse älterer Bauart (ohne Einzeldaten, ohne Schnittstelle für den Datenexport) ausgetauscht, darf sie nicht achtlos entsorgt werden. Zwar ist ein Datenzugriff unmittelbar auf die Kassendaten bauartbedingt nicht möglich, die Finanzbehörde hat aber das Recht, unmittelbar oder mittelbar Zugriff auf die Registrierkasse selbst zu nehmen (▶*Kapitel 4.3*). Solche Kassenauslesungen besitzen einen hohen Beweiswert. Sie bieten nicht nur Einblicke in Umsatzdaten (z. B. Artikel, Warengruppen), sondern dienen auch dem Zweck einer System- und Verfahrensprüfung. Ein Betriebsprüfer kann etwa Testumsätze und Teststornierungen bonieren lassen, um durch anschließendes Erzeugen diverser Transaktionsberichte die zutreffende Verarbeitung der eingegebenen Daten im System zu überprüfen. Dass der Datenzugriff auf die Einzeldaten im Wege der Datenträgerüberlassung bauartbedingt ausgeschlossen ist, rechtfertigt es nicht, auch den unmittelbaren oder mittelbaren Datenzugriff durch Vernichtung der Registrierkasse zu verhindern.

Beispiel: Ein Gastwirt hat seine Registrierkasse am 29.11.2016 gegen eine moderne PC-Kasse mit Einzelaufzeichnungen ausgetauscht. Die Steuererklärungen für 2016 werden im Jahr 2018 beim Finanzamt eingereicht. Die alte Registrierkasse ist bis zum 31.12.2028 aufzubewahren, sofern keine Erleichterung i. S. v. 148 AO in Betracht kommt (GoBD, Rz. 143).

2 Arten der Kassenführung

Da die System- und Bedienereinstellungen auf einem flüchtigen RAM-Speicher liegen, muss zur Vermeidung von Datenverlusten bis zum Ablauf der zehnjährigen Aufbewahrungsfrist für eine permanente Stromzufuhr Sorge getragen werden (Batterie- und Netzbetrieb). Ratsam ist, die Abschaltung einer Registrierkasse gemeinsam mit dem Steuerberater und dem Kassenhersteller zu besprechen, um nachteilige Rechtsfolgen zu vermeiden. Ein irreparabler „Systemabsturz" innerhalb der Aufbewahrungsfrist muss ausreichend dokumentiert werden.

2.3.3 Anschaffung von Gebrauchtkassen

Nach diesseitiger Auffassung muss von der Anschaffung und Inbetriebnahme gebrauchter Aufzeichnungssysteme grundsätzlich abgeraten werden. Darin befinden sich unter Umständen noch historische Stamm- und Bewegungsdaten des Vorbesitzers (z. B. Grundprogrammierung), die zu Streitigkeiten im Rahmen einer Außenprüfung oder Kassen-Nachschau führen können.

Zumindest sollte ein vom Kassenaufsteller begleiteter Total-Reset durchgeführt werden, ferner sind die Organisationsunterlagen (▶*Kapitel 4.4*) des Rechtsvorgängers mit zu übernehmen, um nicht von vornherein die Ordnungsmäßigkeit der Kassenführung zu gefährden.[14] Protokolle über die geänderte Programmierung einschließlich der

---

[14] FG Münster vom 16.05.2013, EFG 2014, S. 86.

unternehmensspezifischen Anpassungen (Customizing) sind aufbewahrungspflichtige Unterlagen.

2.4 Neben- und Unterkassen

Kassenaufzeichnungen müssen so beschaffen sein, dass ein sachverständiger Dritter jederzeit in der Lage ist, den Sollbestand laut Aufzeichnungen mit dem Istbestand der Geschäftskasse zu vergleichen (Kassensturzfähigkeit). Werden mehrere Geschäftskassen geführt, sind die Anforderungen an die Aufzeichnung von baren Geschäftsvorfällen auch für Neben- und Unterkassen zu beachten.[15]

> Da bei internen Vorgängen naturgemäß Fremdbelege fehlen, z. B. für Geldverschiebungen zwischen mehreren Kassen, müssen hierfür taggenaue Eigenbelege angefertigt werden. Eine nur summarische Zusammenfassung dieser Geschäftsvorfälle am Monatsende ist nicht zulässig. Das sog. Belegprinzip dient auch der Herstellung der Kassensturzfähigkeit. Fehlen Eigenbelege, handelt es sich nicht nur um einen formellen, sondern um einen schwerwiegenden materiellen Mangel.

---

[15] AEAO zu § 146, Nr. 2.2.3.

2.4.1 Garderobe

Für Zwecke einer eventuellen Nachkalkulation empfiehlt es sich, die Einnahmen separat zu dokumentieren. Auch hier gilt grundsätzlich Einzelaufzeichnungspflicht. Das gilt nicht, wenn der Garderobenbereich räumlich und organisatorisch eindeutig abgrenzbar ist und Einzelaufzeichnungen praktisch oder technisch nicht möglich sind (▶*Kapitel 3.2.5*).

> **Hinweis**
>
> Einnahmen aus der kurzfristigen Aufbewahrung von Garderobe teilen umsatzsteuerlich das Schicksal der Hauptleistung, d. h. stehen die Einnahmen etwa in Zusammenhang mit der steuerbegünstigten Durchführung von Konzerten oder Filmvorführungen, ist auch auf das Garderobengeld der ermäßigte Umsatzsteuersatz i. H. v. 7 % anzuwenden (§ 12 Abs. 2 UStG; Abschn. 12.6. Abs. 3 UStAE).

2.4.2 Agenturkassen

Einzelaufzeichnungspflicht gilt auch, wenn Artikel im Namen und für Rechnung eines Dritten veräußert werden (z. B. Postkarten, Kunstgegenstände, Dekorationsartikel). Handelt es sich um **Agenturgeschäfte**, sind Betriebseinnahme und deren Weiterleitung an den Dritten buchhalterisch als durchlaufende Posten zu behandeln.

2.4.3 Geschlossene Ladenkasse

Eine Sonderform der Kassenführung sind die sog. geschlossenen Ladenkassen. Hierunter fallen z. B. Kassenbehälter in Tischfußballgeräten (Kicker), in Billardtischen oder Warenautomaten (Süßigkeiten, Zigaretten). Auch sie gehören zu den Vorsystemen i. S. d. GoBD, wenn mit ihrer Hilfe aufzeichnungspflichtige Daten erfasst, erzeugt, empfangen, übernommen, verarbeitet, gespeichert oder übermittelt werden. Bei mehreren Geräten ist jedes für sich eine in sich geschlossene Kasse.

Betreibt der Gastwirt die Geräte im eigenen Namen und für eigene Rechnung, sind die Einnahmen täglich festzuhalten. Übernimmt das Gerät diese Funktion in Form elektronischer Einzelaufzeichnungen, sind tägliches Leeren des Geldbehälters und tägliches Auslesen zwar ratsam, aber nicht zwingend erforderlich. Die Ordnungsvorschrift der Zeitgerechtheit (▶*Kapitel 3.4*) ist dann abhängig von der Entleerungsfrequenz des Geldbehälters zu beurteilen.[16]

Müssen die Betriebseinnahmen **manuell** ermittelt werden, weil das Gerät diese Aufgabe mangels digitaler Funktionen nicht übernimmt, sind sie täglich mit Hilfe retrograd aufgebauter Kassenberichte zu berechnen (Muster in ▶*Kapitel 1.4.2*).

Gerätedefekte, Diebstähle, z. B. durch Aufbruch der Geräte oder festgestellte Manipulationen durch Fremdbediener müssen zur Beweisvorsorge ausreichend dokumentiert werden. Möglichen Schätzungen aufgrund formeller Mängel lässt sich nur durch exakte Aufzeichnungen über Warenbestückung, Röhrenentnahmen, Röhrenfüllungen und Warenverderb begegnen.

Betreibt der Gastronom die Geräte nicht im eigenen Namen und für eigene Rechnung, genügen ordnungsgemäße Aufzeichnungen über die sog. „Wirteanteile" (vgl. Abschn. 3.7 Abs. 8 UStAE). In der Regel werden die Vergütungen unbar gezahlt. Die Gutschriften des Automatenaufstellers und die dazugehörigen Kontoauszüge sind aufbewahrungspflichtig.

---

[16] AEAO zu § 146, Nr. 3.4.

2.4.4 Aufbewahrung im Safe oder Schließfach

Zur Sicherung der Bargeldbestände werden betriebliche Gelder häufig im Safe oder in einem Schließfach aufbewahrt. Dabei handelt es sich um Nebenkassen. Geldverschiebungen zwischen Hauptkassen und Nebenkassen sind beleg- und buchmäßig festzuhalten. Ansonsten ist die Abstimmung der Kasse ebenso wenig möglich wie die Gewährleistung der Kassensturzfähigkeit. Erforderlich, aber auch ausreichend ist, wenn

- für Geldverschiebungen zwischen zwei Kassen ein formloser Beleg angefertigt wird (Datum, Betrag, Autorisierung) und

- für die Bargeldbestände in der Nebenkasse ein Nebenkassenbuch oder eine handschriftliche Liste mit den Zu- und Abgängen erstellt wird. Eines progressiven Kassenberichts (Muster in ▶*Kapitel 1.4.2*) bedarf es nicht.

3 Steuerliche Ordnungsvorschriften (§§ 145 – 147 AO)

3.1 Grundsatz der Nachvollziehbarkeit und Nachprüfbarkeit

Die Buchführung muss so beschaffen sein, dass sie einem sachverständigen Dritten (z. B. Steuerberater, Betriebsprüfer) innerhalb angemessener Zeit einen Überblick über die Geschäftsvorfälle und über die Lage des Unternehmens vermitteln kann. Die Geschäftsvorfälle müssen sich in ihrer Entstehung und Abwicklung verfolgen lassen, d. h. sie müssen progressiv und retrograd prüfbar sein (§§ 145 Abs. 1 AO, 238 Abs. 1 HGB).

Die **progressive** Prüfung beginnt beim Beleg, geht über die Grund(buch)aufzeichnungen und Journale zu den Konten, danach zur Bilanz mit Gewinn- und Verlustrechnung und schließlich zur Steueranmeldung bzw. Steuererklärung.

3 Steuerliche Ordnungsvorschriften (§§ 145 – 147 AO)

Die **retrograde** Prüfung verläuft umgekehrt.

Die Transparenz der Datenwege von der Erfassung eines Geschäftsvorfalls muss über alle nachfolgenden Prozesse bis zur Übernahme der verdichteten Zahlen in die Steuererklärung gewährleistet sein. Bei elektronischen Systemen ist dazu eine aussagekräftige Verfahrensdokumentation erforderlich (▶*Kapitel 4.4*).

3.2 Grundsatz der Vollständigkeit

Geschäftsvorfälle müssen vollzählig und lückenlos aufgezeichnet werden (§§ 146 Abs. 1 AO, 239 Abs. 2 HGB).

Die Grundsätze ordnungsmäßiger Buchführung erfordern in der Regel die Aufzeichnung jedes einzelnen Geschäftsvorfalls – also auch jeder Betriebseinnahme und Betriebsausgabe, jeder Einlage und Entnahme – in einem Umfang, der eine lückenlose Überprüfung seiner Grundlagen, seines Inhalts, seiner Entstehung und Abwicklung und seiner Bedeutung für den Betrieb ermöglicht. Das gilt auch für Bareinnahmen und Barausgaben. Der Umstand der sofortigen Bezahlung rechtfertigt keine Ausnahme von diesem Grundsatz.[17]

In der Gastronomie gilt grundsätzlich **Einzelaufzeichnungspflicht**, die sich

- für **Kaufleute** aus § 238 Abs. 1 HGB und
- für **Unternehmer** im Sinne des Umsatzsteuerrechts aus den Vorschriften der § 22 UStG i. V. m. § 63 UStDV ergibt, unabhängig von
  - der Art der Gewinnermittlung (▶*Kapitel 1.4.1*) und
  - der Art des Aufzeichnungsmediums (elektronisches Aufzeichnungssystem, Papieraufzeichnungen).

---

[17] BFH-Urteile vom 15.05.1966, BStBl. 1966 III S. 372 ; vom 26.02.2004, BStBl. 2004 II S. 599.

3 Steuerliche Ordnungsvorschriften (§§ 145 – 147 AO)

Die sich aus § 22 UStG ergebende Pflicht zur Einzelaufzeichnung von Einnahmen wirkt unmittelbar auch für andere Steuergesetze, also auch für das Einkommensteuer- und Gewerbesteuergesetz.[18]

> Auch ein Gastronom, der nur wenige Gäste am Tag bedient, unterliegt der Verpflichtung zur Führung von Einzelaufzeichnungen. Zumutbarkeits- oder Praktikabilitätserwägungen stehen dem nicht entgegen.[19]

Werden Aufzeichnungen nach den genannten Rechtsnormen in einer Aufzeichnung zusammengefasst, müssen die zusammengefassten Aufzeichnungen den unterschiedlichen Zwecken genügen. Erfordern die Rechtsnormen gleiche Aufzeichnungen, so ist eine mehrfache Aufzeichnung für jede Rechtsnorm nicht erforderlich (GoBD, Rz. 13).

Aus dem Gebot zur Führung von Einzelaufzeichnungen folgt zunächst **allgemeingültig** die Verpflichtung zu Aufzeichnungen über

- die Identität der Vertragspartner (Name und Anschrift der Kunden),

---

[18] BFH-Urteile vom 02.03.1982, BStBl. 1984 II S. 504; vom 26.02.2004, BStBl. 2004 II S. 599.
[19] FG Köln vom 09.05.2017, 5 K 727/15.

- den Inhalts des Geschäfts, soweit zumutbar, mit ausreichender Bezeichnung des Geschäftsvorfalls und
- die in Geld bestehende Gegenleistung.

Für die Gastronomie liegen branchenspezifische Besonderheiten vor, die nachfolgend dargestellt sind.

3.2.1 Identität der Vertragspartner

Im Rahmen der Einzelaufzeichnungspflicht kann unter Berücksichtigung branchenspezifischer Mindestaufzeichnungspflichten und dem Aspekt der Zumutbarkeit **abhängig vom tatsächlichen Betriebsablauf** auf die Aufzeichnung der Identität des Kunden verzichtet werden (GoBD, Rz. 3.2.1). Das gilt insbesondere dann, wenn die Kundennamen zur Nachvollziehbarkeit und Nachprüfbarkeit der Geschäftsvorfälle nicht benötigt werden[20], z. B. bei Verkauf von Getränken über den Tresen.

Werden Name und ggf. zusätzlich die Anschrift der Kunden tatsächlich aufgezeichnet (z. B. Reservierungsbücher, Rechnungserstellung bei Cateringumsätzen, Pizza-Taxi), sind die Angaben notwendige Bestandteile der Einzelaufzeichnung und im Rahmen einer steuerlichen Außenprüfung oder Nachschau vorzulegen. Der Gastwirt kann sich in diesen Fällen nicht auf eine Unzumutbarkeit der Aufzeichnung berufen, da er sie tatsächlich aus innerbetrieb-

---

[20] AEAO zu § 146, Nr. 2.1.5.

lichen Gründen angefertigt hat. Dann sind diese Daten auch aufzubewahren und der Finanzbehörde vorzulegen, sofern gesetzliche Vorschriften dem nicht entgegenstehen.[21]

3.2.2 Detailtiefe von Einzelaufzeichnungen

Für Einzelaufzeichnungen fordert die Finanzverwaltung allgemeingültig mindestens die Dokumentation

- des verkauften, eindeutig bezeichneten Artikels bzw. der eindeutig bezeichneten Dienstleistung,
- des endgültigen Einzel(verkaufs)preises,
- des dazugehörigen Umsatzsteuersatzes und -betrags,
- der vereinbarten Preisminderungen,
- der Zahlungsart (bar, unbar),
- des Datums und des Zeitpunktes des Umsatzes,
- der verkauften Menge bzw. Anzahl.[22]

Je detaillierter die Einzelaufzeichnungen geführt werden, umso einfacher lassen sich Vollständigkeit und materielle Richtigkeit der Tageseinnahmen belegen.

---

[21] AEAO zu § 146, Nr. 2.1.5.
[22] AEAO zu § 146, Nr. 2.1.3.

3 Steuerliche Ordnungsvorschriften (§§ 145 – 147 AO)

Beispiel

Detailgrad 1	Detailgrad 2	Detailgrad 3
Heißgetränk	Kaffeespezialität	Latte Macchiato 0,25 l
Fleischgericht	Steak	Rindersteak 250 g

Gerade den Mengen- und Gewichtsangaben sowie den Rezepturen kommt dabei eine hohe Bedeutung zu, im Beispielsfall etwa bei Nachkalkulationen auf Basis des Fleisch-, Kaffeemehl- oder Milcheinsatzes. Verzichtet der Gastwirt auf detaillierte Einzelaufzeichnungen auf Artikelebene, lassen sich Nachkalkulationen der Finanzverwaltung nur schwerlich entkräften.

Abhängig vom jeweiligen Geschäftsvorfall erfordern Einzelaufzeichnungen ggf. weitere Angaben, z. B. Aufzeichnungen über

- Trinkgelder des Unternehmers (▶*Kapitel 5.5*),

- Währungsangaben und Wechselkurs bei Annahme von Fremdwährung, z. B. bei Gaststätten im Grenzgebiet oder auf einem Flughafengelände.

Ferner können sonstige Rechnungsangaben nach §§ 14, 14a UStG erforderlich sein, z. B. bei Familienfeiern oder Cateringumsätzen. Sprechen Sie hierzu Ihren Steuerberater an.

3 Steuerliche Ordnungsvorschriften (§§ 145 – 147 AO)

Hinweis: Rechnungen über Bewirtungskosten

Im Regelfall wird die Rechnung des Gastwirts einen Gesamtbetrag von 250,00 Euro nicht übersteigen (Kleinbetragsrechnung i. S. d. § 33 UStDV). In diesen Fällen genügt es, den Bruttobetrag und den angewendeten Steuersatz anzugeben. Ist der Name des Gastes nicht bekannt, ist der Gastronom nicht verpflichtet, ihn danach zu fragen. Bei Bewirtungskostenrechnungen über 250,00 Euro muss der Name des Kunden durch den Gastwirt aufgetragen werden.[23]

Ein Doppel des Bewirtungskostenbelegs ist aufzubewahren und im Rahmen einer Betriebsprüfung oder Nachschau vorzulegen. Dem Gastwirt steht kein Auskunftsverweigerungsrecht darüber zu, auf welchen Namen er den Bewirtungskostenbeleg ausgestellt hat (§ 102 AO).

---

[23] BFH-Urteil vom 18.04.2012, BStBl 2012 II S. 770.

3 Steuerliche Ordnungsvorschriften (§§ 145 – 147 AO)

3.2.3 Fortlaufende Nummerierung

Aus umsatzsteuerlicher Sicht erscheint eine fortlaufende Nummerierung zunächst nicht zwingend erforderlich. Zwar werden Rechnungsnummern gefordert, die jedoch nur „Einmaligkeit", nicht aber „Lückenlosigkeit" im Sinne fortlaufender Nummerierungen verlangen (§ 14 Abs. 4 Nr. 4 UStG). Für Kleinbetragsrechnungen bis 250,00 Euro, wie sie beim Gastwirt üblich sind, entfällt die umsatzsteuerliche Pflicht zur Nummerierung sogar gänzlich (§ 33 UStDV).

Ungeachtet der umsatzsteuerlichen Aufzeichnungsverpflichtungen fordert die Finanzverwaltung jedoch vor dem Hintergrund der Vollständigkeit und Geordnetheit (§ 146 Abs. 1 S. 1 AO) für jeden Geschäftsvorfall (Beleg) eine eindeutige Belegnummer als Kriterium für die Vollständigkeitskontrolle, insbesondere bei umfangreichem Beleganfall (GoBD, Rz. 77, 94).

Belege in Papierform oder elektronischer Form sind zeitnah, d. h. möglichst unmittelbar nach Eingang oder Entstehung gegen Verlust zu sichern (GoBD, Rz. 67), bei Papierbelegen z. B. durch fortlaufende Nummerierung, durch laufende Ablage in besonderen Mappen und Ordnern oder durch zeitgerechte Erfassung in Grundaufzeichnungen (GoBD, Rz. 68). Bei elektronischen Belegen kann die laufende Nummerierung automatisch vergeben werden (GoBD, Rz. 69). Die automatisierte Vergabe von Datensatznummern dient der organisatorischen Kontrolle der vollständigen und lückenlosen Erfassung und Wiedergabe der Geschäftsvorfälle, etwa durch Lücken- oder Mehrfachbelegungsanalysen (GoBD, Rz. 40).

Hinweis

Das FG Köln hat kürzlich entschieden, dass bei Gewinnermittlung nach § 4 Abs. 3 EStG eine Pflicht zur Vergabe numerisch fortlaufender und systembedingt zugleich lückenloser (und damit nachprüfbarer) Rechnungsnummern nicht besteht. Eine solche Pflicht ergäbe sich weder aus umsatzsteuerlichen Vorschriften (§§ 14, 22 UStG) noch ließe sie sich aus dem Vollständigkeitsgebot des § 146 AO herleiten.[24]

Das Bundesfinanzministerium hat sich zu den Konsequenzen aus dem Urteil bisher nicht geäußert. Mit Hinblick auf die Regelungen in den GoBD sollten Sie auf die fortlaufende Nummerierung der Geschäftsvorfälle deshalb nicht verzichten.

---

[24] FG Köln vom 07.12.2017, 15 K 1122/16, rkr.

3 Steuerliche Ordnungsvorschriften (§§ 145 – 147 AO)

In Betriebsprüfungen findet sich immer wieder Streitpotential hinsichtlich auftretender Lücken in der Nummerierung elektronisch erfasster Geschäftsvorfälle (Sequenznummern). Häufig wird vorgetragen, es handele sich dabei um Leer- oder Nullbons ohne steuerliche Relevanz, die etwa bei An- und Abmeldung an der Kasse durch einen Bediener oder durch Schubladenöffnungen entstehen können. Solche Bons sind zum Nachweis der Vollständigkeit der Aufzeichnungen aufbewahrungspflichtig, zumindest sollten sie nachträglich reproduzierbar sein. In welchen Fällen **Leer- oder Nullbons** generiert werden, muss sich aus der Verfahrensdokumentation (▶*Kapitel 4.4*) ergeben. Ohne jegliche Erklärung der Lücken lässt sich die Ordnungsmäßigkeit der Kassenführung nicht belegen.

3.2.4 Bildung von Warengruppen

Der Grundsatz der Einzelaufzeichnung erfordert in aller Regel Aufzeichnungen auf Artikelebene. Werden der Art nach gleiche Waren mit demselben Einzelverkaufspreis in einer Warengruppe zusammengefasst, wird dies von der Finanzverwaltung nicht beanstandet, sofern die verkaufte Menge bzw. Anzahl ersichtlich bleibt. Dies gilt entsprechend für Dienstleistungen.[25] In allen anderen Fällen sind detaillierte Einzelaufzeichnungen zu führen.

3.2.5 Offene Ladenkasse (OLK) ohne Einzelaufzeichnungen

Aus Zumutbarkeitsgründen besteht die Pflicht zur Einzelaufzeichnung nicht, wenn Waren an eine Vielzahl von nicht bekannten Kunden gegen Barzahlung verkauft werden (§ 146 Abs. 1 Satz 3 AO). Die Regelung bildet eine Ausnahme von Grundsatz der Einzelaufzeichnung. Sie ist nicht anwendbar, wenn der Steuerpflichtige ein elektronisches Aufzeichnungssystem verwendet (§ 146 Abs. 1 Satz 4 AO).

3.2.5.1 Begriff der Waren

Von einem Verkauf von Waren an eine Vielzahl nicht bekannter Personen ist auszugehen, wenn nach der typisierenden Art des Geschäftsbetriebs alltäglich Barverkäufe an namentlich nicht bekannte Kunden getätigt werden.[26] Der in § 146 Abs. 1 AO neu eingeführte Begriff der Waren ist – analog zu den §§ 143, 144 AO – handelsrechtlich auszulegen (Vorräte i. S. v. § 266 Abs. 2 B. I Nr. 1-3, § 275 II Nr. 5a HGB, die typischerweise im Handelsverkehr umgesetzt werden). Neben den Waren im engeren

---

[25] AEAO zu § 146, Nr. 2.1.3.
[26] AEAO zu § 146, Nr. 2.2.5.

3 Steuerliche Ordnungsvorschriften (§§ 145 – 147 AO)

Sinne (angeschaffte Gegenstände, die ohne oder nur nach geringfügiger Be- oder Verarbeitung verkauft werden) fallen hierunter auch selbst hergestellte, verkaufsfertige Erzeugnisse. Im Zweifel kann ggf. die umsatzsteuerliche Betrachtungsweise herangezogen werden. Zur Abgrenzung zwischen Lieferung und sonstiger Leistung bzw. zwischen Warenverkauf und Dienstleistungserbringung ist Ihr Steuerberater der richtige Ansprechpartner.

3 Steuerliche Ordnungsvorschriften (§§ 145 – 147 AO)

Ausweitung auf Dienstleistungen?

Trotz des eindeutigen Gesetzeswortlauts hat das BMF als Verordnungsgeber entschieden, die dem § 146 Abs. 1 S. 3 AO zugrundeliegenden Zumutbarkeitsüberlegungen grundsätzlich auch auf Dienstleistungen zu übertragen. Dafür müssen nach dem Willen des BMF folgende Kriterien erfüllt sein:

- Dienstleistungen an eine Vielzahl von nicht bekannten Personen gegen Barzahlung.

- Geschäftsbetrieb ist auf eine Vielzahl von Kundenkontakten ausgerichtet.

- Kundenkontakt des Dienstleisters und seiner Angestellten ist im Wesentlichen auf die Bestellung und einen kurzen Bezahlvorgang beschränkt.

- Es werden tatsächlich keine Einzelaufzeichnungen geführt.[27]

Anwendbar ist die Regelung z. B. für Einnahmen aus Garderobenaufbewahrung, Toilettennutzung in einem Restaurant oder bei Zurverfügungstellung mobiler Toilettenanlagen in einem Biergarten, wenn eine Einzelaufzeichnung in diesen Bereichen unmöglich ist (▶*Kapitel 3.2.5.3*).

---

[27] AEAO zu § 146, Nr. 2.2.6.

3.2.5.2 Identität der Kunden

Die Führung einer offenen Ladenkasse ohne Einzelaufzeichnungen setzt voraus, dass die Identität der Käufer für die Geschäftsvorfälle regelmäßig nicht von Bedeutung ist. Unschädlich ist, wenn der Verkäufer aufgrund außerbetrieblicher Gründe tatsächlich viele seiner Kunden aus außerbetrieblichen Gründen namentlich kennt.[28]

3.2.5.3 Prüfung der Zumutbarkeit

Die Aufzeichnung jedes einzelnen Geschäftsvorfalls ist nur dann nicht zumutbar, wenn es technisch, betriebswirtschaftlich und praktisch **unmöglich** ist, die einzelnen Geschäftsvorfälle aufzuzeichnen.[29] Die Feststellungslast dafür liegt beim Steuerpflichtigen, er hat das Vorliegen dieser Voraussetzungen nachzuweisen.[30] Im Zweifel sollte ein Antrag nach § 148 AO gestellt werden. Sprechen Sie hierzu Ihren Steuerberater an.

Ob Einzelaufzeichnungen unmöglich sind, kann anhand nachfolgender Kriterien geprüft werden (nicht abschließende Aufzählung):

- **Technisch möglich?**
  - Vergleich mit Betrieben gleicher Art und Betriebsgröße.

---

[28] AEAO zu § 146, Nr. 2.2.5.
[29] BFH-Urteil vom 12.05.1966, a.a.O.
[30] AEAO zu § 146, Nr. 2.2.1.

- Einsatz eines Vorsystems – Zeitersparnis oder Mehraufwand?
- Äußere Einflüsse (Wetter, Stromanschlüsse, etc.).
- Möglichkeit des Erwerbs von Geräten, die für den Einsatz im Betrieb geeignet sind.

■ Praktisch und organisatorisch möglich?

- Verweildauer des Kunden.
- Vielzahl der Kunden / geordnetes Nacheinander der Kunden.
- Stoßgeschäft.
- Körperliche und geistige Fähigkeiten des Kassierpersonals.
- Anzahl namentlich bekannter Personen.
- Gefahr des Verlustes von Geschäftsvorfällen.

■ Betriebswirtschaftlich und finanziell möglich?

- Kostengründe (nur in Ausnahmefällen), z. B. bei schwacher Ertragslage.
- Laufende Kosten (Wartung, Reparaturen, Eichkosten).
- Betriebswirtschaftlicher Nutzen eines Vorsystems.
- Verhältnis der Anschaffungskosten eines Vorsystems zu den Anschaffungskosten des übrigen Anlagevermögens.

- Gefahr des Diebstahls einer Registrierkasse oder Vandalismus (z.B. in einem Schulkiosk).

- **Preisgestaltung und Abrechnungsmodalitäten**
  - Interesse des Käufers an einem elektronischen Beleg (z. B. bei Bewirtungskosten).
  - Preis der Waren (einzelfallabhängig).
  - Zumutbarkeit händischer Einzelaufzeichnungen (Quittung).

3.2.5.4 Trennung der Entgelte

Erzielt ein Gastwirt Umsätze, die verschiedenen Steuersätzen unterliegen (7 %, 19 %), muss er im Falle des Verzichts auf Einzelaufzeichnungen einen Antrag auf erleichterte Trennung der Entgelte stellen. Die Finanzverwaltung darf das vereinfachte Verfahren nur gestatten, wenn dem Unternehmer die Trennung der Entgelte nicht zuzumuten ist (§ 63 Abs. 4 S. 1 UStDV). Insofern gelten die o. g. Grundsätze auch umsatzsteuerlich entsprechend.

Die Anwendung des Verfahrens kann auf einen in der Gliederung des Unternehmens gesondert geführten Betrieb beschränkt werden (§ 63 Abs. 4 S. 4 UStDV).

Teils wird gar die Auffassung vertreten, dass offene Ladenkassen ohne Einzelaufzeichnungen wegen Verstoßes gegen § 22 UStG im Ergebnis unzulässig seien.[31] Letzte-

---

[31] Pump/Heidl, StBP 2015, S. 131 (138), Tz. VI.2.

res ist nicht völlig von der Hand zu weisen, da der BFH im Urteil vom 12.05.1966 (BStBl III 1966, S. 372) keine umsatzsteuerliche Betrachtung vorgenommen hat (§ 22 UStG gab es noch nicht). Auch Rätke, Vorsitzender Richter am FG Berlin-Brandenburg, vertritt in BBK 2016, S. 766 f. unter Hinweis auf § 22 UStG die Auffassung, dass es etwa einem Gastwirt selbst bei Verwendung von Kassenberichten durchaus zuzumuten sei, einen Bewirtungskostenbeleg für jeden einzelnen Gast/Tisch zu erstellen, abzuheften und aufzubewahren. Er sieht zumindest bei Beträgen ab 10,00 Euro eine Einzelaufzeichnungsverpflichtung.

> **Hinweis**
>
> Das BMF hat sich umfangreich zur Frage geäußert, in welchen Fällen der Regelsteuersatz von 19 % bzw. der ermäßigte Steuersatz von 7 % in der Gastronomie anzuwenden ist (Abschn. 3.6. UStAE). Das Schreiben ist in ▶*Kapitel 11* abgedruckt.

3.2.5.5 Nebeneinander von Registrierkasse und offener Ladenkasse

Werden eines oder mehrere elektronische Aufzeichnungssysteme verwendet, sind diese grundsätzlich zur Aufzeichnung sämtlicher Erlöse zu verwenden. Ist dies

3 Steuerliche Ordnungsvorschriften (§§ 145 – 147 AO)

für einen räumlich oder organisatorisch eindeutig abgrenzbaren Bereich aus technischen Gründen oder aus Zumutbarkeitserwägungen nicht möglich, wird es nicht beanstandet, wenn zur Erfassung dieser Geschäftsvorfälle eine offene Ladenkasse verwendet wird. Soweit der Steuerpflichtige mehrere Geschäftskassen nutzt, sind die Anforderungen an die Aufzeichnung von baren und unbaren Geschäftsvorfällen für jede einzelne Sonder- und Nebenkasse zu beachten. § 146 Abs. 1 Sätze 2 bis 4 AO bleiben hiervon unberührt.[32]

Ab 01.01.2020 soll § 146a AO zu einer erhöhten Sicherheit beitragen, andererseits ist der Steuerpflichtige in der Wahl seines Aufzeichnungsmittels grundsätzlich frei. Insbesondere existiert auch nach dem 01.01.2020 keine Registrierkassenpflicht. Somit stellt sich die Frage, ob nach Einführung der zertifizierten technischen Sicherheitseinrichtung eine „Flucht in die offene Ladenkasse" beginnt und inwieweit dies zulässig wäre. Hier wird man die Einzelaufzeichnungsverpflichtung sicher verstärkt prüfen. Es bleibt abzuwarten, ob der Steuerpflichtige, der ein zertifiziertes System verwendet, auch dann noch nebenher eine offene Ladenkasse für einen Teil seiner Kasseneinnahmen verwenden darf (z. B. für den Außer-Haus-Verkauf in einer Eisdiele). Hier bleibt die weitere Entwicklung und ggf. Einlassung des BMF abzuwarten.

---

[32] AEAO zu § 146, Nr. 2.2.3.

3 Steuerliche Ordnungsvorschriften (§§ 145 – 147 AO)

Beratungshinweis

Je nach Umständen des Einzelfalls empfiehlt sich,

- anhand der obigen Kriterien eine Abwägung zwischen pro und contra „offene Ladenkasse ohne Einzelaufzeichnungen (Kassenberichte)" vorzunehmen,

- bei vermuteter Einzelaufzeichnungspflicht ggf. einen Antrag auf Erleichterung nach § 148 AO zu stellen,

- wenn Kassenberichte geführt werden, die (zusätzliche) Aufbewahrung von Strichlisten, Bierdeckeln, Zählprotokollen oder ähnlichen Uraufzeichnungen, die eine Überprüfung der Kassenführung ermöglichen.[33]

Beispiel: Salvatore Borgetto ist Inhaber einer kleinen Trattoria in Krefeld. Sämtliche Speisen werden auch außer Haus angeboten (Pizza-Taxi und Partyservice). Daneben unterhält er einen Verkaufsstand auf verschiedenen Volksfesten in der umliegenden Region. Aufzeichnungen führt er ausschließlich in Papierform, ein elektronisches Aufzeichnungssystem ist nicht vorhanden. Die Aufzeichnungen sind wie folgt zu führen:

---

[33] FG Berlin-Brandenburg v. 17.03.2009, 6 K 4146/04 B zur Schwierigkeit der Erfassung von Bareineinnahmen in einer Diskothek.

Pizza-Taxi (Warenverkauf)	Die angefertigten Einzelaufzeichnungen (Artikel, Preis, Name und Anschrift des Kunden) sind aufbewahrungs- und vorlagepflichtig.[34]
Erbringung von Dienstleistungen in der Trattoria (Inhouse-Verzehr)	Auch hier besteht Einzelaufzeichnungspflicht. Der Inhaber kann sich nicht auf Unzumutbarkeit der Einzelaufzeichnungen berufen, da er sie auch für den Außer-Haus-Verkauf tatsächlich anfertigt. Name und Anschrift des Kunden brauchen hier nicht aufgezeichnet zu werden.
Partyservice	Es besteht Einzelaufzeichnungspflicht (mit Namen und Anschrift).
Verkaufsstand	Die summarische Ermittlung der Tageseinnahmen mittels Kassenberichten ist möglich, falls Einzelaufzeichnungen unmöglich sind. Die Richtigkeit der rechnerisch ermittelten Tageslosung sollte durch Anfertigung von Strichlisten und Zählprotokollen untermauert werden.

---

[34] FG Münster vom 23.06.2010, Az. 12 K 2714/06 E, U.

3 Steuerliche Ordnungsvorschriften (§§ 145 – 147 AO)

3.2.5.6 Systematik von Kassenberichten

Um den formellen Anforderungen zu genügen, müssen Kassenberichte eine bestimmte, rechnerische Systematik aufweisen. Denn es besteht die Gefahr, dass tagsüber vereinnahmtes Bargeld beim Auszählen am Ende des Tages nicht berücksichtigt wird, weil davon bereits betriebliche Ausgaben oder Entnahmen getätigt worden sind. Die Rechtsprechung verlangt daher die tägliche Einnahmeermittlung anhand der sog. **retrograden Methode** („Rückwärtsrechnung").

Die Ermittlung der Einnahmen durch einen Kassenbericht geht vom **ausgezählten Kassenbestand bei Geschäftsschluss** aus, von dem zur Berechnung der Tageseinnahme der Kassenanfangsbestand und die Bareinlagen abgezogen und die im Laufe des Tages getätigten Ausgaben und Barentnahmen sowie die Bankeinzahlungen zugerechnet werden. Ein Kassenbericht dokumentiert diesen Rechenprozess und macht ihn – nach der Rechtsprechung – für einen sachkundigen Dritten nachprüfbar. Bei der Erstellung von Kassenberichten ist der geschäftliche Bargeldendbestand täglich auszuzählen. Die Feststellung des Kassenendbestandes ist eine **unentbehrliche Grundlage** für die Berechnung der jeweiligen Tageslosung.[35] Werden Kassenberichte nachträglich und nur rechnerisch erstellt, ist die Kassenführung nicht ordnungsgemäß.[36]

---

[35] BFH-Urteil vom 01.10.1969, BStBl II 1970, S. 45.
[36] FG Münster vom 19.08.2004, EFG 2004, S. 1810.

Berechnungsschema des Kassenberichts:

Kassenendbestand bei Geschäftsschluss (ausgezählt)

+ Wareneinkäufe/Nebenkosten

+ Geschäftsausgaben

+ Privatentnahmen

+ sonstige Ausgaben (z. B. Geldtransit)

./. Kassenendbestand des Vortages

= Kasseneingang

./. Privateinlagen

./. sonstige Einnahmen (z. B. Geldtransit)

= Bareinnahmen (Tageslosung)

Schecks, Fremdwährungen und Kassenschnitte von Kartenerfassungsgeräten müssen **zusätzlich** dokumentiert werden, um zu verhindern, dass bare und unbare Einnahmen vermischt werden.

3.2.5.7 Formerfordernisse des Kassenberichts

Kassenberichte sind mit Hinblick auf die geforderte Unveränderbarkeit (▶*Kapitel 3.6*) der Aufzeichnungen **handschriftlich** auszufüllen. Der Kassenbestand muss vollständig gezählt werden, ggf. mit Zählbrett und Anfertigung von Zählprotokollen (▶*Kapitel 5.2.3*). Zur Prüfung der Vollständigkeit sollten Kassenberichte eine fortlaufende

Nummerierung aufweisen. Zumindest muss die Vollständigkeit aus der jeweiligen Datumsangabe und den übertragenen Kassenbeständen (Kassenendbestand des Vortages = Kassenanfangsbestand des Folgetages) erkennbar sein. Für Entnahmen, Einlagen und Geldtransit sind Eigenbelege anzufertigen, die bloße Dokumentation dieser Geschäftsvorfälle im Kassenbericht allein genügt nicht. Abgesehen von regelmäßigen Ruhetagen sollten Tage, an denen keine oder nur sehr geringe Einnahmen erzielt wurden, besonders dokumentiert werden, um bei einer Betriebsprüfung nicht in Beweisnot zu kommen. Notizen über abweichende Öffnungszeiten, Urlaub, Krankheit etc. können hier hilfreich werden, weil ein Prüfer Lücken in den Tageseinnahmen schnell erkennt und sich der Unternehmer ohne entsprechende Aufzeichnungen ggf. nicht mehr an die Gründe erinnern wird. Kassenberichte sind zu autorisieren (wer hat den Kassenbericht angefertigt, wer ggf. die sachliche und rechnerische Richtigkeit geprüft und protokolliert).

3.2.5.8 Gefahr der Überbesteuerung

Ungeachtet der Frage, inwieweit der Verzicht auf Einzelaufzeichnungen noch zulässig ist, erscheinen Kassenberichte zur Dokumentation der Tageseinnahmen nicht geeignet. Es besteht eine hohe Fehleranfälligkeit, weil sie meist nicht ordnungsgemäß ausgefüllt und ggf. punktuell zumutbare Einzelaufzeichnungs- und Aufbewah-

3 Steuerliche Ordnungsvorschriften (§§ 145 – 147 AO)

rungspflichten nicht beachtet werden, z. B. Bestellzettel für Außer-Haus-Lieferungen eines Imbiss-Betriebs („Pizza-Taxi").[37] Erlangt die Finanzverwaltung aufgrund der vorgefundenen Mängel die Schätzungsbefugnis, hat der Unternehmer mit dem Kassenbericht kein wirksames Mittel in der Hand, mit dem sich eine Kalkulation der Höhe nach entkräften ließe. Er hat täglich nur eine Summe aufgezeichnet, ohne dass sich diese in ihre Einzelbestandteile (Anzahl der verkauften Artikel, Einzelpreise, Rabatte, etc.) zerlegen ließe. Hinzu kommen weitere umsatzsteuerliche Probleme und ggf. Nachzahlungen, wenn mehrere Steuersätze zur Anwendung kommen und die vereinfachte Trennung der Entgelte unzutreffend ermittelt wurde (▶*Kapitel 3.2.5.4*). Im Ergebnis setzt sich der Gastwirt damit einem erheblichen Risiko aus (**Gefahr der Überbesteuerung**). Um das zu vermeiden, kann Unternehmern nur angeraten werden, ihre Kassenaufzeichnungen mit Hilfe von papierbasierten Einzelaufzeichnungen (Quittungen, Rechnungen) oder anhand digitaler Einzelaufzeichnungen in einer Registrier-, PC- oder App-Kasse zu führen.

Ergäben sich trotz aller Vorkehrungen dennoch formelle Mängel im Rahmen einer Prüfung, hätten diese unter Umständen kein sachliches Gewicht mehr, wenn sich durch einen Abgleich von Wareneinkauf und Warenverkauf nachweisen ließe, dass der Warenumsatz vollständig

---

[37] FG Münster vom 23.06.2010, Az. 12 K 2714/06 E, U.

ist (unter Berücksichtigung von Eigenverbrauch, Bruch, Verderb, Schwund und Inventurwerten). Als Nebeneffekt ließen sich im Wege einer betriebswirtschaftlichen Betrachtung summarische Aufzeichnungen zurückliegender Zeiträume durch Einzelaufzeichnungen späterer Perioden ggf. plausibilisieren.[38]

3.3 Grundsatz der Richtigkeit

Nach § 239 Abs. 2 HGB und § 146 Abs. 1 AO müssen die Geschäftsvorfälle in Übereinstimmung mit den tatsächlichen Verhältnissen und im Einklang mit den rechtlichen Vorschriften

- inhaltlich zutreffend durch Belege abgebildet (BFH-Urteil vom 26.06.1997, BStBl. II 1998 S. 51),

- der Wahrheit entsprechend aufgezeichnet und

- bei kontenmäßiger Abbildung zutreffend kontiert werden (GoBD, Rz. 44).

3.4 Grundsatz der Zeitgerechtheit

Der Grundsatz der Zeitgerechtheit verlangt, dass ein zeitlicher Zusammenhang zwischen der Entstehung eines

---

[38] Reckendorf in BBK Sonderausgabe 2016, Kassenprüfungen und Zeitreihenvergleich in der Praxis – Das Spannungsfeld von Registrierkassen und Betriebsprüfungen, S. 12.

3 Steuerliche Ordnungsvorschriften (§§ 145 – 147 AO)

Geschäftsvorfalls und seiner buchmäßigen Erfassung besteht. Geschäftsvorfälle sind möglichst nach ihrer Entstehung in einer Grund(buch)aufzeichnung zu erfassen und anschließend grundsätzlich laufend zu buchen. Sich auf die Sammlung von Belegen zu beschränken, um die ihnen zugrundeliegenden Geschäftsvorfälle erst nach Ablauf einer langen Zeit in die Grundbücher oder Grundaufzeichnungen einzutragen, widerspricht dem Wesen einer kaufmännischen Buchführung.

Kasseneinnahmen und Kassenausgaben sind täglich festzuhalten (§ 146 Abs. 1 Satz 2 AO). Nur in Ausnahmefällen ist eine Verzögerung bis zum Abschluss des folgenden Geschäftstages hinnehmbar, wenn

- zwingende betriebliche Gründe einer Aufzeichnung am gleichen Tag entgegen stehen oder

- eine Aufzeichnung am gleichen Tag unzumutbar erscheint

- **und** den Buchungsunterlagen (z. B. Kassenstreifen, Quittungen, Zwischenaufzeichnungen, sonstige Belege) sicher entnommen werden kann, wie sich der sollmäßige Kassenbestand seit Beginn des vorangegangenen Geschäftstages ermittelt hat.[39]

---

[39] BFH-Urteil vom 31.07.1974, BStBl. 1974 II S. 96; AEAO zu § 146, Nr. 3.4.

> **Hinweis**
>
> Bei längerer Abwesenheit des Unternehmers (z. B. Urlaub, Krankheit) ist die chronologische und geordnete Aufbewahrung der Kassenbelege durch einen damit beauftragten Dritten sicherzustellen, um nach dem Urlaub die entsprechenden Eintragungen im Kassenbuch vornehmen zu können. Mit dieser Vorgehensweise bleibt die Kassensturzfähigkeit gewährleistet.[40]

3.5 Grundsatz der Geordnetheit

Buchungen bzw. Veränderungen der Vermögens-, Finanz- und Ertragslage müssen eindeutig, verständlich, übersichtlich und systematisch erfasst werden. Das verlangt eine systematische Erfassung der Geschäftsvorfälle sowie übersichtliche, eindeutige und nachvollziehbare Buchungen (GoBD, Rz. 53).

Die geschäftlichen Unterlagen dürfen nicht planlos gesammelt und aufbewahrt werden. Ansonsten würde dies mit zunehmender Zahl und Verschiedenartigkeit der Geschäftsvorfälle zur Unübersichtlichkeit der Buchführung führen, einen jederzeitigen Abschluss unangemessen erschweren und die Gefahr erhöhen, dass Unterlagen verlorengehen

---

[40] FG Köln vom 27.01.2009, 6 K 3954/07.

oder später leicht aus dem Buchführungswerk entfernt werden können („Schuhkarton-Prinzip"). Hieraus folgt, dass die Bücher und Aufzeichnungen nach bestimmten Ordnungsprinzipien geführt werden müssen und eine Sammlung und Aufbewahrung der Belege notwendig ist, durch die im Rahmen des Möglichen gewährleistet wird, dass

- die Geschäftsvorfälle leicht und identifizierbar feststellbar und

- für einen die Lage des Vermögens darstellenden Abschluss unverlierbar sind.[41]

Zur Trennung von baren und unbaren Vorgängen ▶ *Kapitel 5.3*.

3.6 Grundsatz der Unveränderbarkeit

3.6.1 Allgemeines

Nach dem Grundsatz der Unveränderbarkeit darf eine Buchung oder Aufzeichnung nicht in einer Weise verändert werden, dass der ursprüngliche Inhalt nicht mehr feststellbar ist (§ 146 Abs. 4 AO). In Papieraufzeichnungen sind den ursprünglichen Inhalt vernichtende Durchstreichungen, Radierungen, Rasuren, Überklebungen, Löschungen, Weißungen oder Überschreibungen unzulässig.

---

[41] BFH-Urteil vom 26.03.1968, BStBl. II S. 527.

Beispiel: Der Gastwirt stellt einen Fehler in seinen Kassenaufzeichnungen fest und korrigiert ihn, indem er den falschen Wert unzulässiger Weise unter Verwendung von Tipp-Ex überschreibt.[42]

Besonders strenge Maßstäbe legt die Finanzverwaltung bei Beurteilung der Unveränderbarkeit an, wenn elektronische Aufzeichnungssysteme geprüft werden. Das zum Einsatz kommende DV-Verfahren muss die Gewähr dafür bieten, dass alle Informationen (Programme und Datenbestände), die einmal in den Verarbeitungsprozess eingeführt werden (Beleg, Grundaufzeichnung, Buchung) nicht mehr unterdrückt oder ohne Kenntlichmachung überschrieben, gelöscht, geändert oder verfälscht werden können (GoBD, Rz. 108). Änderungen an Aufzeichnungen oder sonstigen Unterlagen müssen so protokolliert sein, dass der ursprüngliche Inhalt feststellbar bleibt (elektronisches Radierverbot).

Ursprüngliche Datenbestände sind zeitnah festzuschreiben und zu verbuchen. Die Korrektur fehlerhafter Eintragungen oder Aufzeichnungen hat durch **belegmäßig nachgewiesene** Stornierungen, Umbuchungen oder Änderungen zu erfolgen, ohne den ursprünglichen Inhalt der Aufzeichnung unlesbar zu machen. Auch die Tatsache, dass überhaupt Änderungen erfolgt sind, muss sichtbar sein und bleiben (GoBD, Rz. 111).

---

[42] FG München vom 14.10.2004, 15 K 728/02.

3.6.2 Stornobuchungen

Stornobuchungen müssen nachvollziehbar dokumentiert werden. Die Unterdrückung von Stornos oder deren nachträgliche Löschung ist unzulässig. Angefallene Stornobelege sind aufbewahrungspflichtige Unterlagen.

Die von Unternehmern teils vorgetragene Behauptung, Stornos seien nicht vorgekommen, vermag nicht zu überzeugen. Menschliche und technische Fehler in der Kassierung sind an der Tagesordnung. Der Behauptung, Stornos hätte es im üblichen Prüfungszeitraum von drei Jahren nicht gegeben, kann deshalb nur wenig Glauben geschenkt werden.[43] Das gilt vor allem, wenn die Kasse (auch) von ungelernten Service- oder Aushilfskräften bedient wird.[44]

Man unterscheidet:

Sofort-Storno

Es handelt sich um die sofortige Korrektur einer Eingabe noch vor dem Druck des Kassenbons. Hierfür ist grundsätzlich keine Aufzeichnung erforderlich.

---

[43] FG Hamburg vom 08.01.2018, 2 V 144/17.
[44] FG Niedersachsen vom 02.09.2004, 10 V 52/04.

Zeilenstorno

Der Zeilenstorno funktioniert ähnlich dem Sofortstorno mit dem Unterschied, dass nach dem zu stornierenden Artikel schon weitere Artikel erfasst wurden.

Nachstorno

Der Nachstorno ist eine aufzeichnungspflichtige Korrektur nach Abschluss der Registrierung/ Buchung, d. h. nach Erstellung des Bons.

Postenstorno

Unter Postenstornos werden die Warenrücknahmen (Retouren) erfasst. Es muss darauf geachtet werden, dass ein Storno mit dem gleichen Umsatzsteuersatz wie der ursprüngliche Erlös erfasst wird.

Manager-/ Chefstorno

Hierbei handelt es sich um „beliebige" Stornierungen im Nachhinein (ohne Bezug zu bestimmten Registrierungen oder Mitarbeitern).

Bonabbruch

Ein Bonabbruch kommt vor, wenn der Bon bereits gedruckt wurde, die zur Zahlung eingesetzte EC- oder Kreditkarte aber keine Deckung aufweist oder der Kunde feststellt, dass er sein Geld vergessen hat. Häufig lässt sich der Bon „parken". Kommt der Kunde später zwecks Bezahlung zurück, kann der Bon wieder aktiviert, gedruckt und als bezahlt ins Kassensystem übernommen werden.

Bonstorno

Der Bonstorno wird z. B. verwendet, wenn ein nicht geschäftsfähiges Kind einen Artikel kauft und die Eltern dieses Rechtsgeschäft rückgängig machen.

> Fehlen jegliche Stornobuchungen, deutet dies auf einen bewussten Eingriff in das System der Kasse hin.[45]

3.6.3 Sicherstellung der Unveränderbarkeit

Die Unveränderbarkeit von Daten, Datensätzen, elektronischen Dokumenten und Unterlagen muss bereits vom Zeitpunkt der ersten Speicherung an (Beginn der Buchungskette) sichergestellt sein. Dazu bieten sich dem Unternehmer verschiedene Möglichkeiten an, die je nach Betrieb alternativ oder kumulativ eingesetzt werden können:

---

[45] FG Münster vom 16.05.2013, 2 K 3030/11 E,U; EFG 2014, S. 86.

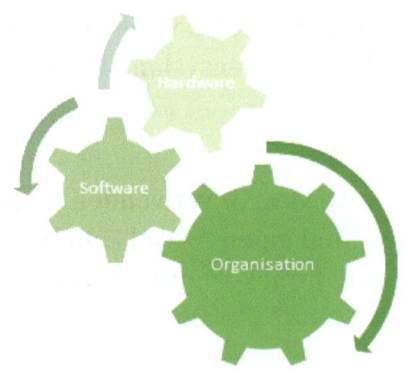

Hardware

z. B. durch unveränderbare und fälschungssichere Datenträger (WORM-Medien wie CD, DVD oder festplattenbasierte Systeme mit Software-Schutz).

Software

z. B. Sicherungen, Sperren, Festschreibung, Löschmerker, automatische Protokollierung, Historisierungen, Versionierungen.

Organisatorische Maßnahmen

z. B. Zugriffsberechtigungskonzepte, Vier-Augen-Prinzip, Kassieranleitung für Mitarbeiter.

3 Steuerliche Ordnungsvorschriften (§§ 145 – 147 AO)

Beispiel 1: Eine Gastwirtin erstellt mittels Registrierkasse elektronische Einzelaufzeichnungen. Am 29.11.2016 erfasst sie über die *PLU-Taste 20* den Verkauf eines Steakgerichts zum Preis von 22,00 Euro. Die Lesbarmachung der Daten erfolgt jeweils unter Berücksichtigung der in den aktuellen Stamm- und Bewegungsdaten enthaltenen Informationen.

Durch erforderliche Änderungen in den Stammdaten wird die *PLU-Taste 20* ab 14.03.2018 zur Erfassung der Miete für die Kegelbahn genutzt. Eine Historisierung der bisherigen Stammdaten nimmt die Gastwirtin nicht vor.

Am 17.04.2018 findet eine Betriebsprüfung für die Jahre 2014-2016 statt. Mangels Historisierung der Stammdaten kann die Gastwirtin nicht mehr sicherstellen, dass der dem Betriebsprüfer übergebene Datensatz mit dem ursprünglichen Inhalt des Datensatzes vom 29.11.2016 übereinstimmt.

Beispiel 2: Ein Gastronom erstellt das Kassenbuch mit Hilfe handelsüblicher Tabellenkalkulationsprogramme (z. B. Excel, Open Office, Numbers).

Mit Hinblick auf den Grundsatz der Unveränderbarkeit kann nicht festgestellt werden, wann die Eintragungen gemacht wurden bzw. ob oder welche Änderungen nach dem erstmaligen Eintrag erfolgt sind.[46] Die bloße Ablage von Daten und elektronischen Dokumenten in einem Dateisystem erfüllt die Anforderungen der Unveränderbarkeit regelmäßig nur, **wenn zusätzliche Maßnahmen ergriffen werden**, die eine Unveränderbarkeit gewährleisten (GoBD, Rz. 110).

---

[46] vgl. FG München vom 04.05.2010, 13 V 540/10.

Die Vorlage der Tabellen in ausgedruckter Form genügt diesen Anforderungen nicht, da nicht prüfbar ist, zu welchem Zeitpunkt Dateneingaben erfolgten und ob vor dem Ausdruck noch Veränderungen vorgenommen worden sind. Etwas anderes kann gelten, wenn ein z. B. ein Excel-Kassenbuch laufend unmittelbar im Anschluss an die tägliche Erfassung der Geschäftsvorfälle GoBD-konform in einem Dokumenten-Management-System (DMS) abgelegt wird.

Hinweis

Zur „GoBD-konformen" Archivierung von elektronischen Kassendaten bietet DATEV das „DATEV Kassenarchiv online" an (▶*Kapitel 12.3*). Dabei handelt es sich um eine Cloud-Anwendung. Es können elektronische Grundaufzeichnungen aus Kassensystemen und sonstige Dokumente, die in den Anwendungsbereich einer ordnungsgemäßen Kassenführung fallen, archiviert werden. Weitere Informationen finden Sie im Online-Portal des Kassenarchives über *www.datev.de/kassenarchiv*. Sprechen Sie hierzu Ihren Steuerberater an.

Werden Systemfunktionalitäten oder Manipulationsprogramme eingesetzt, die den Anforderungen an die Unveränderbarkeit entgegenwirken, sind die Bücher und Aufzeichnungen ordnungswidrig (GoBD, Rz. 112). Neben

Umsatz- und Gewinnschätzungen ist in diesen Fällen regelmäßig ein Steuerstrafverfahren einzuleiten. Ferner droht zivilrechtliche Verfolgung bei bewusster Manipulation, etwa wegen der im Strafgesetzbuch normierten Tatbestände der Fälschung technischer Aufzeichnungen, der Beweismittelunterdrückung oder der Urkundenfälschung.

3.7 Ordnungsvorschriften für die Aufbewahrung von Unterlagen

Wer nach handels- oder steuerrechtlichen Vorschriften zum Führen von Büchern und Aufzeichnungen verpflichtet ist, hat diese geordnet aufzubewahren. Die Aufbewahrungspflichten betreffen nicht nur Kaufleute. Sie gelten auch für Gastrobetriebe, die ihre Gewinne im Wege von Einnahmeüberschussrechnungen nach § 4 Abs. 3 EStG ermitteln (GoBD, Rz. 115).

Nach § 147 Abs. 1 AO sind insbesondere die nachfolgenden Unterlagen aufzubewahren:

- Bücher und Aufzeichnungen, Inventare, Jahresabschlüsse, Lageberichte, die Eröffnungsbilanz sowie die zu ihrem Verständnis erforderlichen Arbeitsanweisungen und sonstigen Organisationsunterlagen.
- Empfangene Handels- und Geschäftsbriefe.
- Wiedergaben der abgesandten Handels- oder Geschäftsbriefe.

- Buchungsbelege.
- Sonstige Unterlagen, soweit sie für die Besteuerung von Bedeutung sind.

Sind die o. g. Unterlagen in Form von Daten, Datensätzen oder als elektronisches Dokument im Unternehmen entstanden oder dort eingegangen, sind sie grundsätzlich auch in dieser Form aufzubewahren. Sie dürfen dann nicht mehr ausschließlich in ausgedruckter Form aufbewahrt werden und müssen für die Dauer der Aufbewahrungsfrist (i. d. R. 6 oder 10 Jahre) unveränderbar erhalten bleiben. Für Verfahrensdokumentationen können längere Aufbewahrungsfristen gelten (§ 147 Abs. 3 S. 3 AO).

Hinweis

Ihr Steuerberater verfügt über das notwendige Know-How, welchen Aufbewahrungsfristen die speziell in Ihrem Betrieb vorhandenen Unterlagen unterliegen. Sprechen Sie ihn an, bevor Sie Unterlagen arglos vernichten. Er ist auch der richtige Partner zur Erstellung eines Datensicherungskonzepts.

4 Aufzeichnungs-, Aufbewahrungs- & Vorlagepflichten bei elektronischen Aufzeichnungssystemen

4.1 Vorbemerkungen

Es besteht keine gesetzliche Verpflichtung, ein elektronisches Aufzeichnungssystem zu nutzen. Dennoch verfügen moderne, speziell auf die Gastronomie zugeschnittene Geräte über zahlreiche Vorteile, die von den Betrieben verstärkt genutzt werden:

- Erhalt detaillierter Umsatzinformationen und betriebswirtschaftliche Auswertungen.
- Statistiken über Auslastung, Tischbelegung, Speise- und Getränkeverkauf.
- Möglichkeit der Einbindung von Reservierungsbüchern.
- Sonstige Informationen über das Kundenverhalten.
- Anbindung von Kartenerfassungsterminals (Girocard, Kreditkarten) und Bonuskartensystemen.
- Steuerung der Mitarbeiter (Auslastung, Rentabilität, Arbeitszeitkonten, etc.).
- Vereinfachte Berechnung von Leistungslöhnen.

4 Aufzeichnungs-, Aufbewahrungs- & Vorlagepflichten bei elektronischen Aufzeichnungssystemen

Dass auch die Finanzverwaltung ein berechtigtes Interesse an den digitalen Einzelaufzeichnungen hat, wird nur selten bedacht. Bei den in Kassenspeichern aufgezeichneten Geschäftsvorfällen handelt es sich nicht um freiwillige, sondern um zumutbare elektronische Grund(buch)aufzeichnungen (GoBD, Rz. 39), mit denen der Unternehmer seiner Einzelaufzeichnungspflicht nachkommt.[47]

Die digitalen Daten unterliegen einer zehnjährigen Aufbewahrungspflicht (§ 147 Abs. 1 Nr. 1 i. V. m. Abs. 3 AO) und dem Datenzugriffsrecht der Finanzverwaltung (▶*Kapitel 4.3*). Gleiches gilt, wenn Einzelaufzeichnungen auf Papier (Bedienerzettel, Bierdeckel) in ein elektronisches Aufzeichnungssystem überführt werden. Dann treten die digitalen Daten an die Stelle der Papierdaten.

---

[47] BFH-Urteil vom 16.12.2014, BStBl. 2015 II S. 519.

4 Aufzeichnungs-, Aufbewahrungs- & Vorlagepflichten bei elektronischen Aufzeichnungssystemen

Die Ordnungsmäßigkeit einer elektronischen Kassenführung ist grundsätzlich nach den gleichen Prinzipien zu beurteilen, wie die einer manuellen Kassenführung (GoBD, Rz. 22). So muss auch bei Einsatz von elektronischen Aufzeichnungssystemen gewährleistet sein, dass

- sich ein sachverständiger Dritter in angemessener Zeit in das verwendete System einarbeiten kann (GoBD, Rz. 32),

- sich die Geschäftsvorfälle in ihrer Entstehung und Abwicklung verfolgen lassen (progressive und retrograde Prüfbarkeit),

- die Kassenbewegungen einzeln, vollständig, richtig, zeitgerecht und geordnet aufgezeichnet, insbesondere die Tageseinnahmen täglich festgehalten werden,

- die Kassensturzfähigkeit jederzeit hergestellt werden kann,

- bei veränderten Buchungen der ursprüngliche Inhalt feststellbar bleibt,

- abgerufene Finanzberichte, die dem Steuerberater als Buchungsbelege dienen, aufbewahrt werden und innerhalb der gesetzlichen Aufbewahrungsfristen lesbar bleiben (z. B. Z-Bons auf Thermopapier).

4 Aufzeichnungs-, Aufbewahrungs- & Vorlagepflichten bei elektronischen Aufzeichnungssystemen

4.2 Aufbewahrung digitaler Unterlagen bei Bargeschäften

Ab dem 01.01.2017 müssen Registrier-, PC- und App-Kassen die im BMF-Schreiben vom 26.11.2010 (BStBl. 2010 I S. 1342) und in den GoBD vom 14.11.2014 (BStBl. 2014 I S. 1450) normierten Anforderungen erfüllen. Danach gilt insbesondere:

- Unterlagen i. S. d. § 147 Abs. 1 AO, die mit Hilfe eines DV-Systems erstellt wurden, sind während der Dauer der Aufbewahrungsfrist jederzeit verfügbar, unverzüglich lesbar und maschinell auswertbar aufzubewahren (§ 147 Abs. 6 AO).

- Insbesondere müssen alle steuerlich relevanten Einzeldaten (Einzelaufzeichnungspflicht) einschließlich etwaiger mit dem Gerät elektronisch erzeugter Rechnungen im Sinne des § 14 UStG unveränderbar und vollständig aufbewahrt werden.

- Eine Verdichtung dieser Daten oder ausschließliche Speicherung der Rechnungsendsummen ist unzulässig.

- Ein ausschließliches Vorhalten aufbewahrungspflichtiger Unterlagen in ausgedruckter Form ist nicht ausreichend.

- Die digitalen Unterlagen und die Strukturinformationen müssen in einem maschinell auswertbaren Datenformat vorliegen.

4 Aufzeichnungs-, Aufbewahrungs- & Vorlagepflichten bei elektronischen Aufzeichnungssystemen

- Ist die komplette Speicherung aller steuerlich relevanten Daten, bei der Registrierkasse insbesondere Journaldaten, Auswertungsdaten, Programmierdaten und Stammdatenänderungsdaten innerhalb des Geräts nicht möglich, müssen diese Daten unveränderbar und maschinell auswertbar auf einem externen Datenträger gespeichert werden. Ein Archivsystem muss die gleichen Auswertungen wie jene im laufenden System ermöglichen.

- Die konkreten Einsatzorte und -zeiträume der vorgenannten Geräte sind zu protokollieren und diese Protokolle aufzubewahren (§ 145 Abs. 1 AO; § 63 Abs. 1 UStDV).

- Die Grundaufzeichnungen zur Überprüfung der Bareinnahmen müssen für jedes einzelne Gerät getrennt geführt und aufbewahrt werden.

- Die zum Gerät gehörenden Organisationsunterlagen müssen aufbewahrt werden, insbesondere die Bedienungsanleitung, die Programmieranleitung und alle weiteren Anweisungen zur Programmierung des Geräts (§ 147 Abs. 1 Nr. 1 AO).

- Soweit mit Hilfe eines solchen Geräts unbare Geschäftsvorfälle (z. B. EC-Cash, ELV-Elektronisches Lastschriftverfahren) erfasst werden, muss aufgrund der erstellten Einzeldaten ein Abgleich der baren und unbaren Zahlungsvorgänge und deren zutreffende Verbuchung im Buchführungs- bzw. Aufzeichnungswerk gewährleistet sein.

> Werden digitale Unterlagen bei Bargeschäften nicht entsprechend dem BMF-Schreiben vom 26.11.2010 aufbewahrt, kann dies ein schwerwiegender formeller Mangel der Ordnungsmäßigkeit sein (AEAO zu § 158, S. 8).

4.3 Datenzugriffsrechte der Finanzverwaltung

Sind aufzeichnungs- und aufbewahrungspflichtige Unterlagen mit Hilfe eines Datenverarbeitungssystems erstellt worden, hat die Finanzbehörde im Rahmen einer **Außenprüfung** (z. B. Betriebsprüfung, Steuerfahndungsprüfung, Umsatzsteuer-Sonderprüfung) das Recht, Einsicht in die gespeicherten Daten zu nehmen und das Datenverarbeitungssystem zur Prüfung dieser Unterlagen zu nutzen. Sie kann im Rahmen einer Außenprüfung auch verlangen, dass die Daten nach ihren Vorgaben maschinell ausgewertet oder ihr die gespeicherten Unterlagen und Aufzeichnungen auf einem maschinell verwertbaren Datenträger zur Verfügung gestellt werden (§ 147 Abs. 6 AO).

Für eine **Kassen-Nachschau** gelten im Ergebnis die gleichen Zugriffsrechte, beschränkt auf die Prüfung der Kasseneinnahmen und Kassenausgaben. Zwar gilt § 147 Abs. 6 AO hier nicht[48], jedoch gewährt die Kassen-Nach-

---

[48] AEAO zu § 146b, Nr. 7.

schau eigene Datenzugriffsrechte (▶*Kapitel 8*). Bei elektronischen Aufzeichnungssystemen im Sinne der Kassensicherungsverordnung (▶*Kapitel 9*) sind die Daten ab 01.01.2020 über eine sog. einheitliche digitale Schnittstelle zur Verfügung zu stellen.

Schließlich normiert § 27b UStG ein eigenständiges Datenzugriffsrecht der Finanzverwaltung im Zuge einer **Umsatzsteuer-Nachschau**. Hier gilt die Besonderheit, dass die Übergabe der Daten an den Amtsträger, z. B. auf einer DVD, gesetzlich nicht vorgesehen ist.

Art des Zugriffs	Zugriff auf	Außenprüfung	Umsatzsteuer-Nachschau	Kassen-Nachschau
Z1	Finanzbuchhaltung	§ 147 Abs. 6 Abgabenordnung	§ 27b Abs. 2 Umsatzsteuergesetz	§ 146b Abs. 2 Abgabenordnung
	Kassendaten			
Z2	Finanzbuchhaltung			Zugriff über die einheitliche digitale Schnittstelle kann erst ab 01.01.2020 verlangt werden.
	Kassendaten			
Z3	Finanzbuchhaltung		unzulässig	
	Kassendaten		unzulässig	

Im Rahmen von Außenprüfungen und Nachschauen stehen der Finanzverwaltung mithin grundsätzlich **drei gleichberechtigte Methoden** des Datenzugriffs zur Auswahl, von denen der Amtsträger unter Beachtung der gesetzlichen

4 Aufzeichnungs-, Aufbewahrungs- & Vorlagepflichten bei elektronischen Aufzeichnungssystemen

Vorschriften und dem Grundsatz der Verhältnismäßigkeit alternativ oder kumulativ Gebrauch machen kann.

Art des Zugriffs	Wer	Was	Wie
Unmittelbarer Datenzugriff (Z1)	Nur-Lesezugriff durch den Amtsträger	Nutzung der vorhandenen Hard- u. Software (Finanzbuchhaltung, Kassensystem)	Lesen und analysieren der Daten unter Nutzung der im DV-System vorhandenen Auswertungsmöglichkeiten (z. B. Filtern, Sortieren)
Mittelbarer Datenzugriff (Z2)	Nur-Lesezugriff mit Unterstützung des Steuerpflichtigen oder eines von ihm beauftragten Dritten		
Datenträgerüberlassung (Z3)	Erstellung eines maschinell lesbaren und auswertbaren Datenträgers durch den Steuerpflichtigen oder eines von ihm beauftragten Dritten und Übergabe an den Amtsträger	Nutzung der überlassenen Daten für eigene Auswertungen in der Finanzverwaltung eingesetzten Analysesoftware IDEA	Lesen und analysieren der Daten auf dem Laptop des Amtsträgers unter Nutzung von in der Finanzverwaltung eingesetzter Analysesoftware (z. B. IDEA, Summarische Risikoprüfung, etc.)

Weitergehende Hinweise zum Datenzugriffsrecht finden Sie in den GoBD (Rz. 158 – 178) sowie in den ergänzenden Hinweisen zur Datenträgerüberlassung vom 14.11.2014. Beide Dokumente können auf den Internetseiten des BMF abgerufen werden.

> Die Thematik des Datenzugriffs ist sehr komplex. Um im Fall der Fälle gut vorbereitet zu sein, sprechen Sie bitte Ihren Steuerberater an. Er ist der richtige Ansprechpartner, wenn es darum geht, welche Daten im Einzelfall benötigt werden und in welcher Form sie zur Verfügung gestellt werden müssen.

4.4 Verfahrensdokumentation

4.4.1 Grundsätze

Die Prüfung der Ordnungsmäßigkeit elektronischer Aufzeichnungssysteme bedingt übersichtlich gegliederte Organisationsunterlagen (Verfahrensdokumentation) vorzulegen, aus denen Inhalt, Aufbau, Ablauf und Ergebnisse des DV-Verfahrens vollständig und schlüssig erkennbar sind. Auf die äußere Gestalt (Papierform oder digitale Form) kommt es nicht an.[49] Aus der Verfahrensdokumentation muss sich ergeben, wie die GoB und die steuerlichen Ordnungsvorschriften (z. B. §§ 238 ff. HGB, §§ 145 ff. AO) sowie deren Konkretisierungen (GoBD, IDW RS FAIT) beachtet werden. Die Verfahrensdokumentation beschreibt den technisch und organisatorisch gewollten Prozess und

---

[49] BFH-Beschluss vom 23.02.2018, X B 65/17.

besteht in der Regel aus einer allgemeinen Beschreibung, einer Anwenderdokumentation, einer technischen Systemdokumentation und einer Betriebsdokumentation.

Die **allgemeine Beschreibung** beinhaltet Angaben zur Organisation des Unternehmens, etwa in welchen Bereichen das DV-System verwendet wird und wie die organisatorischen Abläufe geregelt sind.

Zur **Anwenderdokumentation** gehören z. B. Benutzerhandbücher, Bedienungsanleitungen und Programmierhandbücher der Kasse, ferner Installations- und Einrichtungsanleitungen sowie die dazu gehörigen Protokolle über die Grundeinstellungen und betriebsspezifischen Anpassungen (sog. Customizing). Aus der Anwenderdokumentation ergeben sich auch Art und Bedeutung der Eingabefelder. Bei Verwendung von Standardsoftware ist die seitens des Herstellers gelieferte Dokumentation um die Beschreibung der unternehmensspezifischen Anpassungen und die Dokumentation des im Unternehmen eingerichteten internen Kontrollsystems zu ergänzen.

In der **technischen Systemdokumentation** lassen sich z. B. Angaben Netzinfrastruktur finden, zum Aufbau von Datensätzen und Tabellen bei Datenbanken und deren Verarbeitungsregeln sowie Angaben über Schnittstellen zu anderen Systemen.

In der **Betriebsdokumentation** wird die ordnungsgemäße Anwendung des Verfahrens (IKS) dokumentiert. Sie enthält ferner Aussagen über Berechtigungen (wer darf was) oder Datensicherungsverfahren. Schließlich sind auch die verfügbaren Programme mit Versionsnachweisen Teil einer Betriebsdokumentation.

Erfahrungen zeigen, dass die Verpflichtung zur Erstellung und Aufbewahrung einer Verfahrensdokumentation häufig vernachlässigt wird. Deren Vorlagepflicht im Rahmen einer Betriebsprüfung entstammt bereits dem allgemeinen Grundsatz ordnungsgemäßer Buchführung, dass sich Geschäftsvorfälle in ihrer Entstehung und Abwicklung verfolgen lassen müssen. Ohne Organisationsunterlagen ist es einem sachverständigen Dritten kaum möglich, sich in angemessener Zeit einen Überblick zu verschaffen. Eine fehlende oder ungenügende Verfahrensdokumentation stellt deshalb grundsätzlich einen schwerwiegenden Mangel der Kassenbuchführung dar. Nur soweit eine fehlende oder ungenügende Verfahrensdokumentation die Nachvollziehbarkeit und Nachprüfbarkeit nicht beeinträchtigt, liegt kein formeller Mangel mit sachlichem Gewicht vor, der zum Verwerfen der Buchführung führen kann (GoBD, Rz. 155).

4 Aufzeichnungs-, Aufbewahrungs- & Vorlagepflichten bei elektronischen Aufzeichnungssystemen

Hinweis

Der Deutsche Fachverband für Kassen- und Abrechnungssystemtechnik im bargeld- und bargeldlosen Zahlungsverkehr e.V., kurz DFKA, bietet den ihm angeschlossenen Kassenherstellern und Kassenaufstellern eine Vorlage zur Dokumentation der Aufstellung und Einrichtung von Kassensystemen. Zusätzlich hat sich der DFKA auch dem Thema der Verfahrensdokumentation für die ordnungsgemäße Kassenführung angenommen, so dass hierzu aktuell eine passende Muster-Verfahrensdokumentation für alle Steuerpflichtigen in Entstehung ist. Weitere Information können Sie den Internetseiten des DFKA entnehmen (*www.dfka.net*). Bei der Erstellung der notwendigen Verfahrensdokumentation ist der Steuerberater ein kompetenter Partner, der Sie auch auf Basis von DATEV-Software durch den Prozess führen kann.

Wie der BFH entschieden hat, bieten **fehlende Programmierprotokolle** für sich allein genommen bereits Anlass für Schätzungen. Das soll nur dann nicht gelten, wenn der Unternehmer darlegen kann, dass die von ihm verwendete Registrierkasse trotz ihrer Programmierbarkeit ausnahmsweise keine Manipulationsmöglichkeiten eröffnet.[50] Allerdings wird dieser Nachweis kaum zu erbringen sein, da grundsätzlich kein elektronisches Aufzeichnungssystem zu 100 Prozent manipulationssicher ist.

4.4.2 Internes Kontrollsystem (IKS)

Der Steuerpflichtige hat für die Einhaltung der Ordnungsvorschriften i. S. d. §§ 145 ff. AO Kontrollen einzurichten, auszuüben und zu protokollieren (GoBD, Rz. 100 ff.). Ein IKS besteht aus technischen und organisatorischen Maßnahmen, die abhängig vom Einzelfall nach den jeweiligen Gegebenheiten des Betriebs und dem eingesetzten DV-System einzurichten sind. Dazu gehören beispielsweise Zugangs- und Zugriffsberechtigungskontrollen, Erfassungskontrollen, aber auch Schutzmaßnahmen gegen jedwede beabsichtigte oder unbeabsichtigte Löschung von Daten.

---

[50] BFH-Urteil vom 25.03.2018, BStBl. 2015 II S. 743.

4 Aufzeichnungs-, Aufbewahrungs- & Vorlagepflichten bei elektronischen Aufzeichnungssystemen

Mit Hinblick auf Diebstähle oder eventuelle Naturkatastrophen (z. B. Blitzeinschlag, Brand, Hochwasser) empfiehlt sich, Datensicherungen zweifach zu erstellen und an verschiedenen Orten aufzubewahren.

Eine professionelle Unternehmensführung benötigt eindeutige **Anweisungen für das Kassenpersonal**. Je exakter einzelne Vorgänge und Betriebsabläufe niedergeschrieben sind, umso mehr schützt sich der Unternehmer vor unehrlichen Kunden und Mitarbeitern. Häufige Fragestellungen dabei sind

- Schutz vor Trickbetrug und Annahme von Falschgeld,
- Sicherungsmaßnahmen bei Kartenzahlung (EC, Kreditkarte),
- Berechtigung zu Stornobuchungen (▶*Kapitel 3.6.2*),
- Anfertigung des Tagesabschlusses (▶*Kapitel 5*),
- Vier-Augen-Prinzip,
- Warenbestandskontrolle zum Schutz vor Diebstahl durch Mitarbeiter,
- Einschaltung von Wirtschaftsdetekteien zur Durchführung von Testkäufen.

5 Der Tagesabschluss des Gastwirts

5.1 Dokumentation der Tageseinnahme

Abhängig von der Form der Einzelaufzeichnungen (Papier, elektronisch) und der Art der Gewinnermittlung ist die Summe der täglich ermittelten Tageseinnahme in Grund-(buch)aufzeichnungen zu übernehmen. Die nachfolgende Übersicht zeigt, welche Möglichkeiten dem Gastronom dabei zur Verfügung stehen:

Aufzeichnungs-system / Art der Gewinnermittlung	Bilanzierung (§ 4 Abs. 1, § 5 EStG)	Einnahmeüber-schussrechnung (§ 4 Abs. 3 EStG)
Offene Ladenkasse ohne Einzelauf-zeichnungen	**Pflicht** zur Führung eines Kassenberichts	**Pflicht** zur Führung eines Kassenberichts
Offene Ladenkasse mit Einzelaufzeich-nungen in Papier-form (Bedienerzet-tel, Bierdeckel)	**Pflicht** zur Führung von Kassenbuch, Kassenbestandsrech-nung oder Kassen-bericht	Pflicht zum Eintrag der Tageslosung in einer handschriftli-chen Liste oder auf einem Kassenkonto (▶ *Kapitel 7*) **oder freiwillige** Führung von Kassenbuch, Kassen-bestandsrechnung oder Kassenbericht

5 Der Tagesabschluss des Gastwirts

Aufzeichnungssystem / Art der Gewinnermittlung	Bilanzierung (§ 4 Abs. 1, § 5 EStG)	Einnahmeüberschussrechnung (§ 4 Abs. 3 EStG)
Geschlossene Ladenkasse ohne digitale Einzelaufzeichnungen (z. B. Billardtische, Dartgeräte, Zigaretten- und weitere Warenautomaten)	**Pflicht** zur Führung eines Kassenberichts	**Pflicht** zur Führung eines Kassenberichts
Elektronische Aufzeichnungssysteme mit digitalen Einzelaufzeichnungen (Registrier- und PC-Kassen, „App"-Systeme und geschlossene Ladenkassen mit digitalen Einzelaufzeichnungen)	**Pflicht** zur Führung von Kassenbuch, Kassenbestandsrechnung oder Kassenbericht	**Pflicht** zum Eintrag der Tageslosung in einer handschriftlichen Liste oder auf einem Kassenkonto (▶*Kapitel 7*) **oder freiwillige** Führung von Kassenbuch, Kassenbestandsrechnung oder Kassenbericht

Je nach Kassensystem ist es auch möglich, **sämtliche** Grundaufzeichnungen im Vorsystem zu führen (▶*Kapitel 1.4.3*).

5 Der Tagesabschluss des Gastwirts

Hinweis

Um Ihren Arbeitsaufwand möglichst gering zu halten, ohne gegen Aufzeichnungs- und Aufbewahrungspflichten zu verstoßen, sollte die für Ihren Betrieb ideale Dokumentation der Geschäftsvorfälle mit dem Steuerberater besprochen werden.

5.2 Geldzählung und Zählprotokolle

5.2.1 Grundsätzliches

Werden Betriebseinnahmen zeitgerecht in ein Kassenbuch oder eine Kassenbestandsrechnung übertragen, soll das tägliche Zählen des Kassenbestandes nach Auffassung des BFH entbehrlich sein. In diesen Fällen sei die Kassensturzfähigkeit auch ohne tägliches Festhalten der Kassenendbestände möglich. Dann genüge es, so der BFH, wenn Kassen-Soll und Kassen-Ist in regelmäßigen Abständen abgeglichen werden, spätestens beim Übertrag der Kassenbestände auf das Folgeblatt.

Nach hier vertretener Auffassung müssen Kassenbestände **immer täglich** gezählt werden, schon um die Kassensturzfähigkeit nicht zu gefährden, z. B. durch alltäglich vorkommende

- Rechenfehler,
- falsche Wechselgeldrückgaben,
- sonstige Abweichungen zwischen tatsächlicher Tageseinnahme und Einnahme laut Bedienerzetteln und/oder Z-Bon.

> **Hinweis**
>
> Kassendifferenzen sind an der Tagesordnung und erklärbar, wenn sie sich in üblicher Höhe bewegen und täglich festgehalten werden. Behauptet ein Steuerpflichtiger, es habe weder positive noch negative Kassendifferenzen gegeben, erscheint das nicht glaubhaft.

5.2.2 Kassensturzfähigkeit

Kassenaufzeichnungen müssen so beschaffen sein, dass es einem sachverständigen Dritten jederzeit möglich ist, den durch Kassensturz festgestellten Istbetrag mit dem Sollbetrag der Kasse zu vergleichen. Der Abgleich muss

- zu Beginn des Geschäftstages,
- am Ende des Geschäftstages und
- im Laufe des Geschäftstages

möglich sein. Er dient der Finanzverwaltung als Kontrollmöglichkeit, insbesondere bei der Kassen-Nachschau (▶*Kapitel 8.4.3*).

> **Hinweis**
>
> Die Kassensturzfähigkeit muss grundsätzlich für jeden Betrieb, jede Filiale oder Betriebsstätte des Unternehmers gewährleistet sein. Bei fehlender Kassensturzfähigkeit sind die Aufzeichnungen sowohl formell als auch materiell nicht ordnungsmäßig.[51]

5.2.3 Zählprotokolle

Die Anfertigung von Zählprotokollen ist gesetzlich nicht vorgeschrieben, erleichtert jedoch den Nachweis des tatsächlichen Auszählens.[52] Auch die Rechtsprechung verneint eine Verpflichtung zur **Anfertigung** solcher Protokolle.[53] Ungeachtet dessen stellt sich die Frage, wie ohne Anfertigung eines Zählprotokolls der Gesamtbestand der Kasse ermittelt wurde. Insbesondere bei Kassenführung durch fremde Dritte sollte der Gastwirt zu Kontrollzwecken ein großes Interesse an derartigen Aufzeichnungen

---

[51] FG Münster vom 16.05.2013, 2 K 3030/11 E, U.
[52] AEAO zu § 146, Nr. 3.3, 2. Absatz.
[53] BFH-Beschluss vom 16.12.2016, X B 41/16, BFH/NV 2017 S. 310.

haben. Werden Zählprotokolle tatsächlich angefertigt, sind sie auch aufbewahrungspflichtig (Dokumentation des Nachweises der Zählung).

Neben der Anzahl an Münzen und Scheinen können in einem Zählprotokoll auch erhaltene Schecks, Kassenschnitte von Kartenzahlungsgeräten und Einnahmen in ausländischer Währung zeitgerecht dokumentiert werden. Damit wird als Nebeneffekt der Gefahr entgegengetreten, unbare Einnahmen mit dem tatsächlichen Bargeldbestand zu vermischen. Ferner lassen sich Unstimmigkeiten zwischen der Tageseinnahme laut Bedienerzetteln/ Bierdeckeln oder Tagesendsummenbon und dem tatsächlichen Kassenbestand (z. B. bei Diebstahl, Erfassungsfehlern, Fehlern bei Wechselgeldrückgaben, Annahme von Falschgeld, Vereinnahmung von Trinkgeldern, etc.) feststellen und buchhalterisch zutreffend behandeln.

Im Übrigen kann nur mit Zählprotokollen glaubhaft gemacht werden, dass die Kassenendbestände tatsächlich gezählt und nicht erdacht sind oder nur rechnerisch ermittelt wurden. Aus dem Zählprotokoll muss deutlich werden, wer gezählt hat und wie eventuelle Differenzen buchhalterisch erfasst worden sind. Bei Kassenführung durch Dritte sollten Geldzählungen nach dem Vier-Augen-Prinzip vorgenommen werden (Auszählung mit zwei Unterschriften). Durch eine solche Vorgehensweise lässt sich ggf. auch der Verdacht auf nachträgliche Manipulationen durch den Unternehmer entkräften.

5 Der Tagesabschluss des Gastwirts

Zählprotokoll (Muster)

Datum / Uhrzeit

Münzen	Anzahl	Summe (€)
0,01 €		
0,02 €		
0,05 €		
0,10 €		
0,20 €		
0,50 €		
1,00 €		
2,00 €		

Scheine	Anzahl	Summe (€)
5,00 €		
10,00 €		
20,00 €		
50,00 €		
100,00 €		
200,00 €		
500,00 €		

Summe Münzen

Summe Scheine

Ist-Bestand gesamt (€)

Soll-Bestand gesamt (€)

Differenz

Dokumentation von Differenzen

Kassen-Schnitt EC

Kassen-Schnitt Kreditkarten

Einnahmen per Scheck

Dokumentation von Differerenzen

Fremdwährung (Einheit)

Umrechnungskurs

Fremdwährung in €

Dokumentation Diebstahl / Annahme von Falschgeld etc.

Dokumentation Gutscheine

Dokumentation Trinkgeld des Unternehmers (wenn oben nicht enthalten)

Zählung durch

Sachlich und rechnerisch geprüft

5.3 EC- und Kreditkartenzahlungen

Die Ordnungsmäßigkeit der Kassenführung ist u. a. an eine klare und eindeutige Trennung zwischen baren und unbaren Geschäftsvorfällen geknüpft (GoBD, Rn. 55). Dort heißt es:

> „In der Regel verstößt die nicht getrennte Verbuchung von baren und unbaren Geschäftsvorfällen oder von nicht steuerbaren, steuerfreien und steuerpflichtigen Umsätzen **ohne genügende Kennzeichnung** gegen die Grundsätze der Wahrheit und Klarheit einer kaufmännischen Buchführung."

Das BMF hat seine Auffassung in einem Schreiben vom 16.08.2017 an den Deutschen Steuerberaterverband e.V. (DStV) dargelegt. Die Erfassung unbarer Umsätze im Kassenbuch, so das BMF, stelle einen formellen Mangel dar. Die steuerrechtliche Würdigung des Sachverhalts hänge von den Umständen des Einzelfalls ab.

Die häufig noch vorzufindende Handhabung, sämtliche Einnahmen ins Kassenbuch zu übernehmen, um anschließend die EC- und Kreditkartenumsätze über Geldtransit auszubuchen, sieht das BMF mithin nicht als *genügende Kennzeichnung* im Sinne der GoBD an.

Nach diesseitiger Auffassung bleibt der formelle Mangel ohne nachteilige Folgen, wenn die Nachprüfbarkeit nicht eingeschränkt und die Kassensturzfähigkeit gewährleistet ist.[54]

Hinweis

Bar- und EC- bzw. Kreditkartenumsätze müssen bereits im Z-Bon getrennt ausgewiesen werden. Der Ausweis in nur einer Summe widerspricht den Grundsätzen ordnungsgemäßer Buchführung.

5.4 Scheckzahlungen

Erhaltene Schecks gehören zwar handelsrechtlich zum Kassenbestand, sind aber kein Bargeld und dürfen daher auch nicht mit dem Bargeldbestand vermischt werden. Die vereinnahmten Scheckbeträge sind gesondert zu dokumentieren und zu verbuchen. Dabei ist ein Scheck im Regelfall bereits am Tag seiner Entgegennahme als Betriebseinnahme zu erfassen (§ 11 EStG), nicht erst mit Gutschrift auf dem Bankkonto.[55] Es empfiehlt sich, in der Finanzbuchhaltung ein gesondertes Konto einzurichten, mit Hilfe dessen sich ein zuverlässiger Abgleich zwischen angenommenen und eingelösten Schecks erreichen lässt, ähnlich dem Konto Geldtransit.

---

[54] so auch Schreiben des BMF an den Deutschen Steuerberaterverband e.V. vom 29.06.2018.
[55] BFH-Urteil vom 30.10.1980, BStBl. 1981 II S. 305.

5.5 Trinkgelder

Nach § 3 Nr. 51 EStG sind Trinkgelder steuerfrei, die einem **Arbeitnehmer** anlässlich einer Arbeitsleistung von Dritten freiwillig, ohne dass ein Rechtsanspruch auf sie besteht und zusätzlich zu dem Betrag gegeben werden, der für diese Arbeitsleistung zu zahlen ist. Sie brauchen weder in handschriftlichen Aufzeichnungen noch in der Registrierkasse des Arbeitgebers aufgezeichnet zu werden.[56] Werden Trinkgelder der Arbeitnehmer dennoch über das Kassensystem verbucht (z. B. bei EC- oder Kreditkartenzahlung), sind Vereinnahmung und Verausgabung zur Gewährleistung der Kassensturzfähigkeit zutreffend zu dokumentieren.

Steuerpflichtig sind dagegen Trinkgelder der **Unternehmer** einschließlich der für sie unentgeltlich mitarbeitenden Familienangehörigen. Die vereinnahmten Beträge sind der Umsatzsteuer zu unterwerfen, wenn zwischen der Zahlung und der Hauptleistung des Unternehmers eine innere Verknüpfung besteht. Als umsatzsteuerpflichtige Nebenleistungen sind sie im Kassenendbestand bzw. in der Tageslosung zu berücksichtigen. Die Dokumentation kann – bei entsprechendem Tastenfeld – in der Registrierkasse selbst oder mit gesonderten Papieraufzeichnungen erfolgen. Eine Verpflichtung, die Trinkgelder im elektronischen Aufzeichnungssystem zu erfassen, existiert nicht.[57]

---

[56] FG Köln vom 27.01.2009, EFG 2009, S. 1092.
[57] FG Köln vom 27.01.2009, a.a.O.

5.6 Privatentnahmen und Privateinlagen

5.6.1 Belegpflicht

Entnahmen und Einlagen müssen sofort, d. h. unmittelbar nach Entstehung des Geschäftsvorfalls, aufgezeichnet werden. Die bloße Eintragung von Entnahmen und Einlagen am Ende eines Geschäftstages ohne Belege reicht nicht aus. Zu groß wäre die Gefahr, dass Geschäftsvorfälle verloren gehen, weil der Gastwirt sich ggf. nicht mehr an einzelne private Geldflüsse erinnert.

Dafür sind formlose Eigenbelege zu fertigen (Belegfunktion). Die Verpflichtung dazu ergibt sich aus § 22 Abs. 2 Nr. 1 UStG und § 4 Abs. 4a EStG. Die Dokumentation dient auch der Herstellung der Kassensturzfähigkeit. Fehlen solche Belege, handelt es sich nicht nur um einen formellen, sondern um einen schwerwiegenden materiellen Mangel.[58]

5.6.2 Kritische Erfassung am Monatsende

Geschäftsvorfälle müssen chronologisch in ihrer zeitlichen Reihenfolge abgebildet werden (GoBD, Rz. 85). Die Buchung von Privatentnahmen in einer Gesamtsumme am Monatsende ist ungewöhnlich und entspricht nicht dem normalen Lebenssachverhalt. Bei der Unterschiedlichkeit der Lebensgestaltung und der Erfüllung des persönlichen

---

[58] FG Münster vom 23.03.2000, 5 V 7028/99 E,G,U.

Bedarfs kann nicht schematisch mit buchmäßigen Entnahmen gearbeitet werden. Vielmehr sind private Entnahmen täglich aufzuzeichnen.[59] Werden sie nur geschätzt, widerspricht das den Anforderungen an eine ordnungsgemäße Kassenführung.

5.6.3 Ungeklärte Einlagen

Zur Beweissicherung empfiehlt es sich, höhere Privateinlagen aus eigenem Vermögen oder dem Vermögen Dritter, insbesondere bei Geldflüssen unter nahen Angehörigen, möglichst unbar in den Betrieb zu überführen. Belege über Privateinlagen sollten zum Nachweis der Mittelherkunft mit handschriftlichen Vermerken versehen sein („vom Privatkonto", „Schenkung der Eltern" etc.), um im Rahmen einer Betriebsprüfung nicht in Erklärungsnot zu geraten. Den Steuerpflichtigen trifft insoweit eine erhöhte Mitwirkungspflicht an der Aufklärung der Herkunft des Geldes.[60] Kann die Mittelherkunft nicht geklärt werden, ist die Finanzverwaltung berechtigt, die Einlagen als Betriebseinnahmen zu behandeln.[61]

---

[59] BFH-Beschluss vom 02.09.2008, V B 4/08.
[60] BFH-Beschlüsse vom 13.06.2013, X B 132/12 und X B 133/12 m.w.N.
[61] BFH-Urteile vom 07.05.2004, BFH/NV 2004 S. 1367; vom 13.06.2013, X B 132/12 u. 133/12.

5.7 Geldtransit

Werden Gelder zwischen dem Kreditinstitut (Geschäftskonto, Schließfach) oder anderen Aufbewahrungsorten (z. B. Safe) und der Geschäftskasse transferiert, muss der zeitliche Zusammenhang ersichtlich sein. Die Kassenbewegungen sind Tag genau aufzuzeichnen, auf die Wertstellung beim Geldinstitut kommt es nicht an. Vorhandene Ein- und Auszahlungszahlungsbelege sind aufzubewahren, ggf. sind Eigenbelege anzufertigen. Fehlende Belege stellen einen wesentlichen Mangel der Kassenführung dar.[62] Größere zeitliche Verschiebungen, etwa bei Zwischenlagerung des Geldes in einem Safe, machen das Führen einer Nebenkasse erforderlich.

5.8 Kassenverluste durch Diebstahl

Kassenverluste durch Diebstahl beeinträchtigen i. d. R. die Beweisvermutung einer ordnungsgemäßen Kassenführung. Grundsätzlich ist davon auszugehen, dass Geld, das sich in der Geschäftskasse befindet, zum Betriebsvermögen des Unternehmers gehört. Wird es gestohlen, kann eine Berücksichtigung als Betriebsausgabe in Betracht kommen, wenn entsprechende Nachweise dafür erbracht werden. Daran werden strenge Voraussetzungen gestellt, um Missbräuche durch bloße Behauptungen zu

---

[62] BFH-Urteil vom 02.02.1982, BStBl. 1982 II S. 409.

vermeiden. Anhaltspunkte für die Glaubhaftigkeit können Nachweise darüber sein, dass

- gegen den Täter Strafanzeige gestellt worden ist (ggf. gegen unbekannt),
- Ersatzansprüche geltend gemacht wurden,
- Regressansprüche in der Bilanz erfasst und später ggf. ausgebucht worden sind,
- gegenüber einem Mitarbeiter eine Abmahnung oder Kündigung ausgesprochen worden ist,
- einem beschuldigten Kunden Hausverbot erteilt wurde oder
- in anderer zumutbarer Weise ausreichende Beweisvorsorge getroffen wurde (z. B. durch Aufbewahrung von Versicherungsunterlagen).

Ermittelt der Gastronom seine Gewinne durch Einnahmeüberschussrechnungen nach § 4 Abs. 3 EStG, muss die Zugehörigkeit der verlorenen Gelder zur betrieblichen Sphäre dokumentiert und nachprüfbar sein. Dies kann durch eine geschlossene Kassenführung, eine klare Trennung zwischen betrieblichem und privatem Geld[63], aber auch durch die beabsichtigte Einzahlung auf ein betriebliches Konto dargelegt werden.[64] Den gegenüber der Polizeibehörde oder einer Versicherungsgesellschaft

---

[63] BFH-Urteil vom 25.01.1962, BStBl. 1962 III S. 366.
[64] BFH vom 12.12.2001, X R 65/98.

5 Der Tagesabschluss des Gastwirts

gemachten Angaben kann indizielle Wirkung zukommen. Bei Unterschlagung von Geldern durch Arbeitnehmer wird der Verlust regelmäßig dem betrieblichen Bereich zuzuordnen sein.[65]

Liegen die o. g. Voraussetzungen vor, können verlorene Gelder zu dem Zeitpunkt als Betriebsausgabe berücksichtigt werden, wenn feststeht, dass Ersatzansprüche gegen den Täter nicht geltend gemacht werden können, etwa bei Anzeigen gegen unbekannt oder wenn die Geltendmachung von Ersatzansprüchen erfolglos erscheint, weil sie wegen Vermögenslosigkeit des Täters nicht durchsetzbar sind. Lässt sich das Datum eines Geldverlustes nicht mit hinreichender Sicherheit feststellen, ist für die steuerliche Berücksichtigung der Zeitpunkt der Entdeckung der Tat ausschlaggebend.

Ein Abzug als Betriebsausgabe kann ausscheiden, soweit der Verlust des Geldes durch nachlässige Kassenführung begünstigt worden ist oder wenn auf Ersatzansprüche aus privaten Gründen verzichtet wurde (z. B. Diebstähle durch nahe Angehörige). Bei Diebstählen durch Familienangehörige kann endgültig verlorenes Geld als Privatentnahme zu behandeln sein, wenn ihnen der Diebstahl leichter gemacht wurde als fremden Mitarbeitern.[66]

---

[65] BFH-Urteil vom 06.05.1976, BStBl. 1976 II S. 560.
[66] BFH-Urteil vom 25.10.1989, BFH/NV 1990 S. 553 zur Unterschlagung durch Ehegatten.

Steht die Höhe des gestohlenen Geldes nicht fest, ist der Betrag ggf. zu schätzen (z. B. anhand der sonst üblichen Tageseinnahmen), der Umsatzsteuer zu unterwerfen und im Gegenzug als Betriebsausgabe abzuziehen bzw. bei Diebstahl durch einen nahen Angehörigen ggf. als Privatentnahme zu behandeln.

> **Hinweis**
>
> Nach Kassenverlusten ist durch **Korrekturbuchungen** dafür Sorge zu tragen, dass der tatsächliche Ist-Bestand der Kasse frühestmöglich (wieder) mit dem buchmäßigen Bestand übereinstimmt.
>
> Bargelddiebstähle mindern (nur) den Gewinn, die zuvor vereinnahmte Umsatzsteuer bleibt unverändert bestehen. Spätere Regresszahlungen durch den Schädiger sind als nicht umsatzsteuerbarer Schadenersatz zu behandeln.

5.9 Privat verauslagte Aufwendungen

Eine der häufigsten Fehlerquellen in der Führung von Kassenberichten und Kassenbüchern ist die Behandlung privat vorverauslagter Kosten, d. h. Betriebsausgaben werden privat bezahlt und zunächst nicht bzw. erst später mit der Kasse abgerechnet.

Beispiel: Eine Gastwirtin erwirbt während einer privaten Urlaubsreise eine Vase zur Dekoration ihres Cafés und begleicht den Rechnungsbetrag aus privaten Mitteln (Belegdatum 08.01.2018). Nach ihrer Rückkehr am 15.01.2018 entnimmt sie das Geld aus der Geschäftskasse, bucht die Ausgabe jedoch unter dem Belegdatum in die Kasse ein.

Diese Behandlung ist falsch, denn die Ausgabe mindert nun rechnerisch den Kassenendbestand des Zeitraums 08.01.2018 – 14.01.2018, obwohl die Kasse an diesen Tagen tatsächlich höhere Geldbestände aufwies.

Der Beleg darf den Kassenbestand mithin erst dann mindern, wenn er auch tatsächlich mit der Kasse abgerechnet worden ist, sprich aus der Kasse entnommen worden ist, hier also am 15.01.2018. Ein Hinweis auf dem Beleg, z. B. „privat verauslagt, Entnahme aus der Kasse (erst) am 15.01.2018" ist zweckmäßig.

Hinweis

Fehler in den Kassenaufzeichnungen lassen sich vermeiden, indem Sie für privat verauslagte Aufwendungen

- eine von der Hauptkasse getrennte Ausgaben- oder Festbestandskasse einrichten oder
- die verauslagten Aufwendungen von Ihrem Steuerberater als Privateinlagen und damit ohne Auswirkung auf den Kassenbestand verbuchen lassen (Buchungssatz: Aufwand an Privateinlage).

5.10 Gutscheine

Durch die Europäische Richtlinie EU 2016/1065 vom 27.06.2016, die bis zum 31.12.2018 in nationales Recht umzusetzen ist, wird ab 01.01.2019 unterschieden in

- Einzweckgutschein (bis 31.12.2018 Leistungs- oder Sachgutschein, der eine bestimmte Leistung schon benennt) und
- Mehrzweckgutschein (bis 31.12.2018 Wertgutschein, der nur einen Geldbetrag benennt und für das gesamte Leistungssortiment gilt).

Für beide Gutscheinformen gilt, dass Verkauf, Einlösung und ggf. Verfall im Interesse der Nachvollziehbarkeit progressiv und retrograd prüfbar sein müssen. Es empfiehlt sich,

- nummerierte, zweiteilige Gutscheine zu verwenden,
- in elektronischen Aufzeichnungssystemen entsprechende Tastenfelder und Eingabemöglichkeiten einzurichten, die einen jederzeitigen Abgleich zwischen verkauften und eingelösten Gutscheinen ermöglichen. Die Dokumentation der Gutscheine in einem Zählprotokoll erscheint sinnvoll.

Der Erwerber des Gutscheins braucht grundsätzlich nicht namentlich festgehalten zu werden. Für die Feststellung der Identität des Einlösenden gelten die allgemeinen Grundsätze (▶*Kapitel 3.2.1*).

5 Der Tagesabschluss des Gastwirts

Die buchhalterischen Konsequenzen lassen sich wie folgt darstellen:

Art des Gutscheins/Art der Gewinnermittlung	Vorgang	Entstehung der Umsatzsteuer (USt)	Bilanzierung (§§ 4 Abs. 1, 5 EStG)	EÜR (§ 4 Abs. 3 EStG)
Wertgutschein/ Mehrzweckgutschein	Verkauf	nein (Tausch von Zahlungsmitteln)	Kasse an sonst. Verbindlichkeiten (Gutscheine)	Betriebseinnahme einschl. USt
	Einlösung	ja	Sonst. Verbindl. (Gutscheine) an Erlöse/ USt	./.
	Verfall bei Verjährung (i.d.R. 3 J.)	nein (kein Leistungsaustausch)	gewinnwirksame Auflösung der Verbindlichkeit	./.
Leistungsgutschein, Sachgutschein/ Einzweck-Gutschein	Verkauf	ja (Leistung ist konkretisiert)	Kasse an erhaltene Anzahlungen (Gutscheine) / USt	Betriebseinnahme einschl. USt
	Einlösung	./.	Erhaltene Anzahlungen an Erlöse	./.
	Verfall bei Verjährung	nein (kein Leistungsaustausch)	gewinnwirksame Auflösung der Verbindlichkeit und Korrektur USt	Korrektur der USt

5 Der Tagesabschluss des Gastwirts

Als Nebenzweck erleichtert die einwandfreie Nachvollziehbarkeit von Gutscheinen u.U. auch, Auffälligkeiten im Rahmen von Zeitreihenvergleichen erklären zu können (Gutscheinverkauf = Einnahme ohne Wareneinsatz; Gutscheineinlösung = Wareneinsatz ohne Einnahme).

Wird ein Gutschein eingelöst, erfordert die Einzelaufzeichnung zunächst die Angabe des Gesamtpreises, anschließend ist der Wert des Gutscheins als Preisminderung zu dokumentieren. Entsprechendes gilt für die in der Gastronomie üblichen 2-für-1-Gutscheine sowie für sonstige Rabatte (Schüler- und Studententarife, Freundschaftspreise).

Beispiel

Richtig:	
Wiener Schnitzel	12,00 Euro
Gutschein Nr. 29 (oder Rabatt)	1,50 Euro
Zahlbetrag	10,50 Euro

Falsch:	
Wiener Schnitzel	10,50 Euro
Zahlbetrag	10,50 Euro

6 Kassenführung bei Gewinnermittlung nach § 4 Abs. 3 EStG

Nach § 4 Abs. 3 EStG können Steuerpflichtige, die nicht aufgrund gesetzlicher Vorschriften verpflichtet sind, Bücher zu führen und regelmäßig Abschlüsse zu machen, als Gewinn den Überschuss der Betriebseinnahmen über die Betriebsausgaben ansetzen (EÜR).

§ 4 Abs. 3 EStG schreibt als reine Gewinnermittlungsnorm lediglich vor, dass der Gewinn durch den Überschuss der Betriebseinnahmen über die Betriebsausgaben zu ermitteln ist. Weitere (förmliche) Aufzeichnungspflichten über Betriebseinnahmen und Betriebsausgaben normiert § 4 Abs. 3 EStG nicht. Festgeschriebene Regularien über die „Ordnungsgemäße Überschussrechnung" gibt es nicht und die für Buchführungspflichtige geltenden **handelsrechtlichen** Vorschriften zur Aufzeichnung von Betriebseinnahmen und Ausgaben sind bei einem Einnahmeüberschussrechner gerade nicht anwendbar.

Dennoch sind zur Ermittlung des Gewinns im Rahmen einer EÜR typischerweise Aufzeichnungen nötig. Die Gewinnermittlung nach § 4 Abs. 3 EStG erfordert, dass Steuerpflichtige als Gewinn den Überschuss der Betriebseinnahmen über die Betriebsausgaben ansetzen. Soll dieses Ansetzen nicht nur ein Schätzen sein, müssen

6 Kassenführung bei Gewinnermittlung nach § 4 Abs. 3 EStG

Unternehmer gewisse Mindestanforderungen wie das Erstellen und Sammeln von Einnahme- und Ausgabebelegen erfüllen. Dieses Erfordernis ergibt sich unmittelbar aus § 4 Abs. 3 EStG. Grundsätzlich bestehende Erleichterungen bei dieser Gewinnermittlungsart dürfen nicht dazu führen, dass die Höhe erklärter Betriebseinnahmen ins unüberprüfbare Ermessen des Steuerpflichtigen gestellt wird. Nur bei Vorlage geordneter und vollständiger Belege verdient eine Einnahmeüberschussrechnung Vertrauen und kann für sich die Vermutung der Richtigkeit in Anspruch nehmen. Dafür ist sicherzustellen, dass die für die Besteuerung maßgeblichen Vorgänge vollständig erfasst sind. Die Geschäftsvorfälle müssen nachprüfbar festgehalten werden und den Zweck, den sie für die Besteuerung erfüllen sollen, erreichen (§ 145 Abs. 2; § 146 Abs. 5 S. 1 AO).

Wenngleich ein Kassenbuch nicht geführt werden muss[67], so setzt auch eine EÜR voraus, dass die Betriebseinnahmen und Betriebsausgaben nachgewiesen werden, damit das Finanzamt sie auf Richtigkeit und Vollständigkeit überprüfen kann.[68] Darüber hinaus sind die der Gewinnermittlung zugrundeliegenden Aufzeichnungen und Unterlagen aufzubewahren (GoBD, Rz. 115 m.w.N.). Dies geschieht durch Aufzeichnungen einschließlich Belegsammlung

---

[67] BFH-Beschluss vom 16.02.2006, BFH/NV 2006 S. 940.
[68] BFH-Beschluss vom 13.03.2013, BFH/NV 2013 S. 902.

6 Kassenführung bei Gewinnermittlung nach § 4 Abs. 3 EStG

oder durch eine geordnete Belegablage, wenn diese ebenso wie Kassenaufzeichnungen geprüft werden kann.[69]

Auch bei der Gewinnermittlung nach § 4 Abs. 3 EStG folgt die Verpflichtung zur Führung von Einzelaufzeichnungen unmittelbar aus § 22 UStG i. V. m. § 63 UStDV. Die umsatzsteuerliche Aufzeichnungsverpflichtung wirkt auch für die Einkommensteuer.[70]

Beispiel: Der Inhaber eines Frühstücks-Cafés erstellt für jeden Gast sog. Bedienerzettel, aus denen die erbrachte Leistung und das vereinnahmte Entgelt hervorgehen. Die Belege bewahrt er chronologisch nach dem Tag des Geldeingangs in einem Stehordner auf. Die Erfüllung der Grundaufzeichnungsfunktion (▶ *Kapitel 1.3*) verlangt eine fortlaufende Nummerierung, die tägliche Heftung der Belege mitsamt Additionsstreifen (oder entsprechender Zusammenstellung) und zumindest die Eintragung der Tagessumme in eine handschriftliche Liste, auf einem Kassenkonto oder (freiwillig) in einem Kassenbuch.[71]

---

[69] BFH-Beschluss vom 13.03.2013, a.a.O.
[70] BFH-Beschluss vom 16.02.2006, a.a.O.
[71] BFH-Beschlüsse vom 16.02.2006, a.a.O.; vom 13.03.2013, a.a.O.; BFH-Urteil vom 02.09.2008, V B 4/08; Sächsisches FG vom 04.04.2008, 5 V 1035/07; FG Saarland vom 13.01.2010, EFG 2010, S. 772; vom 21.06.2012, EFG 2012, S. 1816.

6 Kassenführung bei Gewinnermittlung nach § 4 Abs. 3 EStG

In bargeldintensiven Betrieben sind die Unterschiede zwischen Bilanzierenden und Einnahmeüberschussrechnern nur marginal. **Hinsichtlich der Ermittlung der Tageseinnahmen unterliegen sie den gleichen Regeln.** Insbesondere die GoBD vom 14.11.2014 oder das BMF-Schreiben vom 26.11.2010 zur Aufbewahrung digitaler Unterlagen bei Bargeschäften unterscheiden nicht zwischen der Gewinnermittlung nach § 4 Abs. 1 und § 4 Abs. 3 EStG. Schließlich können auch bei einer Gewinnermittlung nach § 4 Abs. 3 EStG außersteuerliche oder steuerliche Aufzeichnungspflichten zur Anwendung kommen.[72]

---

[72] BFH-Urteil vom 24.06.2009, BStBl. 2010 II S. 452.

7 Rechtsfolgen einer fehlerhaften Kassenführung

7.1 § 158 AO – das Einfallstor zur Schätzung

§ 158 AO regelt, dass die Buchführung und die Aufzeichnungen des Steuerpflichtigen, die den Vorschriften der §§ 140-148 AO entsprechen, der Besteuerung zugrunde zu legen sind, soweit nach den Umständen des Einzelfalls kein Anlass ist, ihre sachliche Richtigkeit zu beanstanden. Daraus folgt, dass Schätzungen nach § 162 AO nicht nur bei formell ordnungswidrig geführten Büchern und Aufzeichnungen zulässig sind, sondern auch bei formell nur ordnungsgemäß erscheinenden Büchern und Aufzeichnungen, die sich bei näherer Betrachtung als materiell unrichtig erweisen. In beiden Fällen reicht die Schätzungsbefugnis von einzelnen punktuellen Korrekturen bis hin zur Vollschätzung des Betriebs, wenn sich die Buchführung in wesentlichen Teilen als unbrauchbar erweist.

Die Vorschrift des § 158 AO umfasst sämtliche steuerliche und außersteuerliche Buchführungs- und Aufzeichnungspflichten. Wer freiwillig Bücher und Aufzeichnungen führt, ist von ihr ebenso betroffen wie Unternehmer, die ihren Gewinn nach § 4 Abs. 3 EStG ermitteln. Soweit bei Einnahmeüberschussrechnern keine Steuererklärungen für den Prüfungszeitraum vorliegen, wird der Gewinn unter Anwendung der amtlichen Richtsätze nach § 4 Abs. 1 EStG geschätzt.

Werden manuell oder digital geführte Einzelaufzeichnungen nicht aufbewahrt oder ist ein Datenzugriff auf die digitalen Daten nicht möglich, sind die Grundsätze ordnungsmäßiger Buchführung verletzt. In dessen Folge ggf. durchzuführende Schätzungen der Umsätze und Gewinne können besonders im Gastrogewerbe existenzbedrohende Ausmaße annehmen. Denn ohne Einzelaufzeichnungen ist eine Überprüfung der materiellen Richtigkeit des Betriebsergebnisses nur grob möglich (Ausbeutekalkulation, Richtsatzsammlung) und deshalb mit erheblichen Unsicherheiten behaftet, die regelmäßig zu Lasten des Unternehmers ausschlagen.

7.2 Schätzung bei formell nicht ordnungsgemäßen Aufzeichnungen

Formelle Mängel berechtigen zur Schätzung, wenn Anlass besteht, die sachliche Richtigkeit des Buchführungsergebnisses anzuzweifeln. Dafür ist das Gesamtbild aller Umstände im Einzelfall maßgebend. Trotz einzelner Mängel kann eine Buchführung aufgrund der Gesamtwertung als formell ordnungsgemäß erscheinen. Insoweit kommt der sachlichen Gewichtung der Mängel ausschlaggebende Bedeutung zu.[73] Eine Buchführung ist erst dann ordnungswidrig, wenn sie wesentliche Mängel aufweist oder die Gesamtheit aller unwesentlichen Mängel diesen Schluss fordert.[74] Die Entscheidung über die Schätzungsbefugnis unterliegt den Regeln der freien Beweiswürdigung.

Aus Bagatellfehlern ergibt sich grundsätzlich noch keine Schätzungsbefugnis. Unwesentliche Mängel oder solche, die durch zumutbare Ermittlungen beseitigt werden können, sind – soweit möglich – aufzuklären und punktuell zu berichtigen. Weist die Buchführung dagegen gravierende formelle Mängel auf, ist die Beweisvermutung des § 158 AO erschüttert und der Finanzverwaltung ist die Schätzungsbefugnis eröffnet.

Bei wesentlichen Mängeln kann sich die Finanzbehörde an der oberen Grenze des Schätzungsrahmens orientieren, weil der Steuerpflichtige möglicherweise Einkünfte verheimlichen will.[75] Das gilt insbesondere, wenn der Steuerpflichtige bereits im Rahmen einer Vorprüfung auf die Mängel hingewiesen wurde und er sie gleichwohl nicht abgestellt hat. Je ungesicherter das Tatsachenmaterial (z. B. mängelbehaftete oder fehlende Grundaufzeichnungen) ist, auf dem die Schätzung basiert, desto größer ist

---

[73] BFH-Urteil vom 07.07.1977, BStBl. 1978 II S. 307.
[74] BFH-Urteil vom 17.11.1981, BStBl. 1982 II S. 430; BFH-Beschluss vom 02.12.2008, X B 69/08, m.w.N.
[75] BFH-Urteil vom 01.10.1992, BStBl. 1993 II S. 259.

der Schätzungsrahmen. Die jeder Schätzung innewohnenden Unsicherheits- und Fehlertoleranzen gehen zu Lasten des Unternehmers, da er durch sein pflichtwidriges Verhalten den Anlass zur Schätzung gegeben hat. Allerdings müssen Schätzungsergebnisse die größtmögliche Wahrscheinlichkeit für sich haben und sich als schlüssig, wirtschaftlich vernünftig und möglich darstellen lassen.

Je schwerwiegender die Buchführungsmängel sind, umso gröber darf das Schätzungsverfahren des Betriebsprüfers ausfallen. Dann darf er sich im Rahmen seines Ermessens auch vereinfachter Verfahren zur Ermittlung der Schätzungshöhe bedienen (überschlägige Kalkulation, Geldverkehrsrechnung, Zeitreihenvergleich/Quantilschätzung im Rahmen der Summarischen Risikoprüfung SRP, innerer Betriebsvergleich, äußerer Betriebsvergleich anhand der amtlichen Richtsatzsammlung, fehlende Mittel zur Bestreitung des Lebensunterhalts). Bei groben Buchführungsmängeln kann eine pauschale Zuschätzung selbst dann gerechtfertigt sein, wenn eine Nachkalkulation möglicherweise keine Differenz zutage gefördert hätte.[76]

Pauschale (Un-)Sicherheitszuschläge sind zulässig, wenn das Ausmaß unversteuerter Einnahmen nicht bekannt und nicht oder nur mit unzumutbarem Aufwand ermittelbar ist. Die Rechtsprechung hat griffweise Zu-

---

[76] FG Düsseldorf vom 26.03.2012, 6 K 2749/11 K, G, U, F zur Schätzung eines chinesischen Speiserestaurants.

schätzungen von Beträgen bis zu 10 % der erklärten (Bar) Umsätze bisher als unproblematisch angesehen, abhängig vom Einzelfall können auch höhere Zuschläge gerechtfertigt sein. Eine Zuschätzung aufgrund einer Nachkalkulation und – darüber hinaus – eine weitere Zuschätzung in Form eines Sicherheitszuschlags kann zulässig sein, wenn beide Zuschätzungen nicht auf den gleichen Unsicherheiten basieren (z. B. bei „Schwarzeinkäufen", die der Finanzverwaltung durch Kontrollmaterial des Lieferanten bekannt geworden sind).

7.3 Schätzung bei formell ordnungsgemäßen Aufzeichnungen

Die Vermutung der Richtigkeit einer formell ordnungsgemäßen Buchführung verliert ihre Wirksamkeit, wenn nach Verprobungen unwahrscheinlich ist, dass das ausgewiesene Buchführungsergebnis mit an Sicherheit grenzender Wahrscheinlichkeit nicht den tatsächlichen Verhältnissen entspricht. An diesen Nachweis stellt die Rechtsprechung strenge Anforderungen. Er kann regelmäßig über beweiskräftige Verprobungsmethoden gelingen. Soll die sachliche Unrichtigkeit formell ordnungsgemäßer Aufzeichnungen durch eine Nachkalkulation nachgewiesen werden, muss bei geringfügiger Abweichung der Nachkalkulation vom Buchführungsergebnis in Erwägung gezogen werden, dass die Abweichung auf Schätzungsunschärfen be-

7 Rechtsfolgen einer fehlerhaften Kassenführung

ruhen kann. Liegt die Abweichung im Unschärfebereich, ist eine Schätzung nicht zulässig.[77]

> **Hinweis**
> Bei Ermittlung der Kalkulationsgrundlagen kommt der Aufzeichnung unentgeltlicher Wertabgaben und den freiwilligen Aufzeichnungen (▶*Kapitel 1.5*) eine hohe Bedeutung zu. Derartige Aufzeichnungen dürfen nicht vernachlässigt werden, um nicht in Beweisnot über den Verbleib des Wareneinsatzes zu gelangen.

Der Nachweis der materiellen Unrichtigkeit kann nicht allein mit den Ergebnissen eines Zeitreihenvergleichs geführt werden. Das ist notwendige Folge des Befunds, dass ein Zeitreihenvergleich immer rechnerische Mehrergebnisse mit sich bringt. Ein solches Mehrergebnis ist allein kein hinreichendes Indiz für die unvollständige Erfassung von Betriebseinnahmen.[78]

---

[77] BFH-Urteil vom 26.04.1983, BStBl. 1983 II S. 618.
[78] BFH-Urteil vom 25.03.2015, BStBl. 2015 II S. 743.

7.4 Sonstige Rechtsfolgen

Über die Schätzung von Besteuerungsgrundlagen hinaus können sich weitere Folgen nichtordnungsgemäßer Kassenführung ergeben, z. B.

- Einleitung von Steuerstrafverfahren wegen Steuerhinterziehung oder leichtfertiger Steuerverkürzung, auch gegen Kassenhersteller und Kassenaufsteller bei Mittäterschaft (§§ 369 ff. AO).
- Einleitung von Ordnungswidrigkeitenverfahren (§§ 377 ff. AO).
- Festsetzung von Bußgeldern gem. §§ 26a, 26b UStG.
- zivilrechtliche Verfolgung bei bewusster Manipulation, etwa wegen der im StGB normierten Straftatbestände der Fälschung technischer Aufzeichnungen, Beweismittelunterdrückung oder Urkundenfälschung.
- Haftung gem. § 71 AO sowie Einleitung von Steuerstrafverfahren gegen Kassenhersteller und -dienstleister bei bewussten Datenlöschungen.
- Festsetzung von Verzögerungsgeld bei Verletzung von Mitwirkungspflichten (§ 146 Abs. 2b AO).
- Rückzahlung von Leistungen nach SGB II.
- Gewerbeuntersagungsverfahren.

8 Kassen-Nachschau (§ 146b AO)

Manipulative Handlungen an papiergeführten und elektronischen Aufzeichnungssystemen haben in den letzten Jahren deutlich zugenommen. Als Reaktion darauf hat der Gesetzgeber mit dem Gesetz zum Schutz vor Manipulationen an digitalen Grundaufzeichnungen vom 22.12.2016 (BGBl. I S. 3152) zum 01.01.2018 die sog. Kassen-Nachschau eingeführt (§ 146b AO). Zur konkreten Umsetzung in der Praxis hat das BMF Ende Mai 2018 einen Anwendungserlass zu § 146b AO veröffentlicht.[79] Die Nachschau ist keine Außenprüfung. Als eigenständiges und steuerartenübergreifendes Instrument der Steuerkontrolle soll sie der **zeitnahen** Aufklärung steuererheblicher Sachverhalte im Zusammenhang mit der ordnungsmäßigen Erfassung und Verbuchung von Kasseneinnahmen und Kassenausgaben dienen.

Nach § 146b Abs. 1 AO können die mit der Kassen-Nachschau beauftragten Amtsträger der Finanzbehörde

- zur Prüfung der Ordnungsmäßigkeit der Aufzeichnungen und Buchungen von Kasseneinnahmen und Kassenausgaben,
- **ohne vorherige Ankündigung,**
- außerhalb einer Außenprüfung,

---

[79] AEAO zu § 146b AO vom 29.05.2018, BStBl. 2018 I S. 699.

8 Kassen-Nachschau (§ 146b AO)

- während der üblichen Geschäfts- und Arbeitszeiten,
- Geschäftsgrundstücke und Geschäftsräume von Steuerpflichtigen betreten,

um Sachverhalte festzustellen, die für die Besteuerung erheblich sein können (§ 146b Abs. 1 S. 1 AO). Dies schließt auch Fahrzeuge ein, die land- und forstwirtschaftlich, gewerblich oder beruflich vom Steuerpflichtigen genutzt werden (z. B. Verkaufswagen auf einem Marktstand). Geschäftsgrundstücke und Geschäftsräume dürfen nicht durchsucht werden. Wohnräume darf der Amtsträger grundsätzlich nicht betreten.[80]

8.1 Betroffene Systeme

Der Kassen-Nachschau unterliegen elektronische Aufzeichnungssysteme und offene Ladenkassen (summarische, retrograde Ermittlung der Tageseinnahmen sowie manuelle Einzelaufzeichnungen ohne Einsatz technischer Hilfsmittel).[81] Mithin kann sich die Nachschau auf jedes Aufzeichnungsmedium erstrecken, in dem Kasseneinnahmen und Kassenausgaben erfasst oder gebucht werden. Auf das zivilrechtliche Eigentum an den Geräten kommt es nicht an. Ausreichend ist, dass es vom Gastronom genutzt wird (z. B. Leasing-Kassen).

---

[80] AEAO zu § 146b, Nr. 3.
[81] AEAO zu § 146b, Nr. 1.

8.2 Zeitpunkt der Nachschau

Die Nachschau ist während der üblichen Geschäfts- und Arbeitszeiten durchzuführen (§ 146b Abs. 1 S. 1 AO), kann aber auch außerhalb dieser Zeiten vorgenommen werden, wenn im Betrieb noch oder schon gearbeitet wird.[82] Eine Kassen-Nachschau kurz vor Öffnung oder kurz nach Schließung des Ladenlokals bringt die geringste Eingriffsintensität in den laufenden Geschäftsbetrieb mit sich. Grenzen ergeben sich aus Nachschauen zur Unzeit, auch vor dem Hintergrund der berechtigten Sorge, dass sich potentielle Straftäter zu ungewöhnlichen Zeiten mit gefälschten Dokumenten Zutritt zu den Geschäftsräumen verschaffen könnten.

8.3 Zeitraum der Nachschau

Der Gesetzgeber hat es ins pflichtgemäße Ermessen des Amtsträgers gelegt, welchen Zeitraum die Nachschau umfasst. In der Gesetzesbegründung hat er sich bisher nur dahingehend eingelassen, dass ein Amtsträger sich bei Verwendung einer offenen Ladenkasse die Aufzeichnungen der Vortage vorlegen lassen kann (BT-Drucks. 18/9535, S. 22). Nach derzeitiger Literaturmeinung wird es überwiegend als zulässig erachtet, wenn sich der Amtsträger auf einen zurückliegenden Zeitraum von bis zu sechs Monaten beschränkt, um ausreichende Datenmengen zur

---

[82] AEAO zu § 146b, Nr. 3.

Überprüfung der Vollständigkeit und Richtigkeit der Kassenaufzeichnungen zur Verfügung zu haben.

8.4 Ablauf der Nachschau

8.4.1 Beginn

Schon vor Beginn der Nachschau ist eine Beobachtung der Kassen und ihrer Handhabung zulässig, ohne dass der Amtsträger sich ausweisen muss.[83] Solche verdeckten Ermittlungen bieten sich aus Sicht der Finanzverwaltung insbesondere für Feststellungen darüber an, welche und wie viele Kassen im Einsatz sind und ob sämtliche Umsätze tatsächlich boniert werden. Ferner kann im Rahmen von Testkäufen z. B. geprüft werden, mit welchem Inhalt die Geschäftsvorfälle erfasst werden (Einzelaufzeichnungspflicht) und ob die Umsatzsteuer zutreffend ausgewiesen wurde. Sobald der Amtsträger

- Geschäftsräume betreten will, die der Öffentlichkeit nicht zugänglich sind,

- den Steuerpflichtigen auffordert, Aufzeichnungen, Bücher und die für die Kassenführung erheblichen sonstigen Organisationsunterlagen vorzulegen,

- den Steuerpflichtigen auffordert, Auskünfte zu erteilen,

---

[83] AEAO zu § 146b, Nr. 4.

hat er sich auszuweisen.[84] Mit Vorlage des Dienstausweises ist eine strafbefreiende Selbstanzeige nicht mehr möglich (§ 371 Abs. 2 S. 1 Nr. 1 Buchst. e AO).

Ist der Steuerpflichtige selbst oder sein gesetzlicher Vertreter (§ 34 AO) nicht anwesend, aber Personen, von denen angenommen werden kann, dass sie über alle wesentlichen Zugriffs- und Benutzungsrechte des Kassensystems verfügen, hat der Amtsträger sich gegenüber diesen Personen auszuweisen und sie zur Mitwirkung bei der Kassen-Nachschau aufzufordern. Diese Personen haben dann die Pflichten des Steuerpflichtigen zu erfüllen, soweit sie hierzu rechtlich und tatsächlich in der Lage sind (§ 35 AO).[85]

Bevor eine Kassen-Nachschau mit einem Mitarbeiter durchgeführt wird, empfiehlt sich, telefonischen Kontakt zum Steuerpflichtigen oder seinem gesetzlichen Vertreter aufzunehmen, mit der Bitte, sich innerhalb angemessener Wartezeit in den Geschäftsräumen einzufinden. Eine Verpflichtung dazu besteht für den Amtsträger jedoch nicht.

---

[84] AEAO zu § 146b, Nr. 4.
[85] AEAO zu § 146b, Nr. 4.

8 Kassen-Nachschau (§ 146b AO)

> Angehörige steuerberatender Berufe haben das Recht, an einer Kassen-Nachschau teilzunehmen. Allerdings ist der Amtsträger nicht verpflichtet, auf den Steuerberater zu warten. Er darf auch ohne seine Anwesenheit mit den Prüfungshandlungen beginnen. Sprechen Sie schon jetzt die Vorgehensweise mit Ihrem Steuerberater ab.

8.4.2 Allgemeine Mitwirkungspflichten

Nach § 146b Abs. 2 AO haben die von der Kassen-Nachschau betroffenen Steuerpflichtigen dem Amtsträger auf Verlangen Aufzeichnungen, Bücher sowie die für die Kassenführung erheblichen sonstigen Organisationsunterlagen über die der Kassen-Nachschau unterliegenden Sachverhalte und Zeiträume vorzulegen und Auskünfte zu erteilen. Sämtliche Handlungen des Amtsträgers haben sich auf die Ermittlung von Sachverhalten zu beschränken, die in engem Bezug zu Kasseneinnahmen und Kassenausgaben stehen und für die Besteuerung erheblich sein können. Darüberhinausgehende Auskunftsersuchen sind nur bei Überleitung in eine Außenprüfung möglich (▶*Kapitel 8.5.3*).

8 Kassen-Nachschau (§ 146b AO)

Zu den vorlagepflichtigen Unterlagen gehören z. B.

- Kassenberichte, Kassenbestandsrechnungen und Kassenbücher,
- Belege über Geschäftsvorfälle (Einzelaufzeichnungen),
- Buchungsbelege (z. B. Tagesendsummenbons),
- Bewirtungskostenrechnungen, Proforma-Rechnungen,
- Verfahrensdokumentation bei Nutzung elektronischer Aufzeichnungssysteme.

Liegen die Aufzeichnungen und Bücher in elektronischer Form vor, z. B. Kassenauftragszeilen einer Registrierkasse oder elektronische Kassenbücher, ist der Amtsträger berechtigt, diese einzusehen, die Übermittlung von Daten zu verlangen oder zu verlangen, dass Buchungen und Aufzeichnungen auf einem maschinell auswertbaren Datenträger zur Verfügung gestellt werden.

> **Hinweis**
>
> Ab 01.01.2020 sind u. a. Registrier- und PC-Kassen mit einer zertifizierten technischen Sicherheitseinrichtung zu schützen, bestehend aus einem Sicherheitsmodul, einem nichtflüchtigen Speichermedium und einer einheitlichen digitalen Schnittstelle (▶*Kapitel 9*). Dann müssen die Daten über die einheitliche digitale Schnittstelle übermittelt werden oder auf einem Datenträger nach den Vorgaben der einheitlichen digitalen Schnittstelle zur Verfügung gestellt werden.
>
> Der Kassen-Nachschau unterliegt ab 01.01.2020 auch die Prüfung des Zertifikats und des ordnungsgemäßen Einsatzes der technischen Sicherheitseinrichtung sowie die Überwachung der Belegausgabepflicht i. S. d. § 146a Abs. 2 AO.

8.4.3 Kassensturz

Zur Prüfung der Ordnungsmäßigkeit der Kassenaufzeichnungen kann der Amtsträger auch einen Kassensturz verlangen (▶*Kapitel 5.2.2*). Da er mit dem Bargeld nicht in Berührung kommen darf, wird im Regelfall der Steuerpflichtige das Geld vorzählen, während der Amtsträger das Auszählungsergebnis in einem Zählprotokoll dokumentiert. Ob ein Kassensturz durchgeführt wird, liegt im

Ermessen des Amtsträgers. Bei seiner Entscheidung darüber hat er die Umstände des Einzelfalls zu berücksichtigen.[86]

Befinden sich betriebliche Bargeldbestände (auch) außerhalb der Geschäftsräume, z. B. im Safe oder Bankschließfach, wird je nach Zumutbarkeit und Verdunkelungsgefahr auch deren Zählung nötig sein. Hier muss besonderes Augenmerk darauf gelegt werden, dass Belege über Geldverschiebungen zeitgerecht angefertigt werden und dem Amtsträger vorgelegt werden können (▶*Kapitel 5.7*).

8.4.4 Fotografien und Scans

Das Anfertigen von Fotografien oder das Scannen von Unterlagen ist zulässig[87], soweit dies für die Besteuerung erheblich und von der Kassen-Nachschau gedeckt ist, z. B. vorhandene Aufzeichnungssysteme einschließlich der Typenschilder oder Belege und Aufzeichnungen auf Papier. Das Verbot der Verletzung von Persönlichkeitsrechten ist zu beachten, sodass Steuerpflichtige, Mitarbeiter und Kunden nicht fotografiert werden dürfen.

8.5 Abschluss der Kassen-Nachschau

Abhängig davon, welche Feststellungen der mit der Nach-

---

[86] AEAO zu § 146b, Nr. 1.
[87] AEAO zu § 146b, Nr. 6.

schau beauftragte Amtsträger getroffen hat, kann eine Kassen-Nachschau auf unterschiedliche Art und Weise abgeschlossen werden:

8.5.1 Ergebnislose Nachschau

Werden ausschließlich verdeckte Beobachtungen oder Testkäufe durchgeführt, ohne dass der Amtsträger sich ausweist, besteht keine Verpflichtung, den Gastwirt darüber zu informieren. Anders verhält es sich, wenn sich der Amtsträger mit seinem Ausweis zu erkennen gegeben hat, weil im Fall einer ergebnislosen Nachschau die Möglichkeit der strafbefreienden Selbstanzeige wiederauflebt. Um dies auch nach außen zu dokumentieren, ist ein schriftlicher Hinweis über die ergebnislose Nachschau erforderlich.

8.5.2 Änderung von Besteuerungsgrundlagen

Werden Aufzeichnungen und Buchungen von Kasseneinnahmen und Kassenausgaben beanstandet, können die Steuer- und Feststellungsbescheide geändert werden, die von den Folgen der Nichtordnungsmäßigkeit betroffen sind. Es ist weder eine Schlussbesprechung abzuhalten noch ergeht ein Prüfungsbericht. Allerdings ist dem Gastronom rechtliches Gehör zu gewähren (§ 91 AO). Dringt er mit seinem Begehren nicht durch, muss er die aufgrund der Nachschau ergangenen Bescheide anfechten.[88]

---

[88] AEAO zu § 146b, Nr. 7 u. 9.

8.5.3 Überleitung in eine Außenprüfung

Nach § 146b Abs. 3 AO kann der Amtsträger bei Beanstandungen im Rahmen seines Ermessens ohne vorherige Prüfungsanordnung zur Außenprüfung (Betriebsprüfung, Umsatzsteuer-Sonderprüfung) übergehen. Gleiches gilt, wenn der Gastronom seinen Mitwirkungspflichten nicht nachkommt oder die Nachschau insgesamt ablehnt. Er ist unter Angabe der Gründe, des Prüfungszeitraums und des Prüfungsumfangs auf den Übergang zur Außenprüfung schriftlich hinzuweisen (§ 146b Abs. 3 Satz 2 AO).

8.6 Rechtsbehelfe

Ergreift der Amtsträger eine Maßnahme, die den Gastwirt zu einem bestimmten Tun, Dulden oder Unterlassen verpflichten soll, handelt es sich um einen Verwaltungsakt i. S. d. § 118 AO, insbesondere bei Aufforderung,

- das Betreten nicht öffentlich zugänglicher Geschäftsräume zu dulden (z. B. Sozialräume, in denen sich ein Safe befindet),

- Aufzeichnungen, Bücher sowie die für die Kassenführung erheblichen sonstigen Organisationsunterlagen vorzulegen,

- das Datenzugriffsrecht einzuräumen,

- Auskünfte zu erteilen.

Gegen diese Verwaltungsakte ist der Einspruch gegeben, den der Amtsträger entgegennehmen darf und muss. Mangels aufschiebender Wirkung hindert er die weitere Durchführung der Kassen-Nachschau nur bei Aussetzung der Vollziehung des Verwaltungsakts (§§ 361 AO, 69 FGO).[89]

8.7 Vorbereitung auf eine Kassen-Nachschau

Mit einer ausreichenden Vorbereitung auf die Kassen-Nachschau lässt sich der Ermessensspielraum des Amtsträgers für die Überleitung in eine Außenprüfung erheblich einschränken. Folgende Aspekte sind dabei relevant und sollten mit dem Steuerberater besprochen werden:

- Herstellung der GoBD-Konformität des eingesetzten Kassensystems, insbesondere unter Berücksichtigung folgender Punkte:

  - Festschreibung und Sicherung der Einzeldaten unter besonderer Beachtung der Unveränderbarkeit (§ 146 Abs. 4 AO).

  - Erstellung oder Ergänzung notwendiger Organisationsunterlagen (Verfahrensdokumentation) einschließlich einer Kassieranleitung für Mitarbeiter.

  - Einrichtung eines internen Kontrollsystems und Protokollierung der durchgeführten Kontrollen.

---

[89] AEAO zu § 146b, Nr. 9.

8 Kassen-Nachschau (§ 146b AO)

- Zeitgerechte Erstellung von Grund(buch)aufzeichnungen, z. B. Kassenbücher, Kassenberichte einschließlich der notwendigen Belege (z. B. über Betriebseinnahmen, Betriebsausgaben, Privatentnahmen, Privateinlagen, Geldtransit).

- Aufbewahrung aller Unterlagen, die zum Verständnis und zur Überprüfung der für die Besteuerung gesetzlich vorgeschriebenen Aufzeichnungen im Einzelfall von Bedeutung sind (z. B. Speise- und Getränkekarten, Reservierungsbücher, Rezepturen).

- Erstellung und Aufbewahrung freiwilliger Unterlagen, die im Rahmen einer Kassen-Nachschau (oder Außenprüfung) hilfreich werden können (▶Kapitel 1.5).

- Tägliche Herstellung der Kassensturzfähigkeit für Haupt-, Neben- und Unterkassen.

- Simulation eines Kassensturzes und/ oder einer System- und Verfahrensprüfung am eingesetzten Kassensystem.

- Erstellung einer Anleitung für Mitarbeiter, wie sie sich im Falle einer Kassen-Nachschau zu verhalten haben.

9 Ausblick auf den 01.01.2020

Durch das Gesetz zum Schutz vor Manipulationen an digitalen Grundaufzeichnungen vom 22.12.2016 sollen elektronische Aufzeichnungssysteme ab 01.01.2020 wirksamer vor manipulierenden Eingriffen geschützt werden. Kernpunkte sind:

- Verpflichtender Einsatz einer zertifizierten technischen Sicherheitseinrichtung, bestehend aus einem Sicherheitsmodul, einem nichtflüchtigen Speichermedium und einer einheitlichen digitalen Schnittstelle (§ 146a Abs. 1 AO).

- Belegausgabepflicht bei Verwendung elektronischer Aufzeichnungssysteme (§ 146a Abs. 2 AO).

- Meldepflicht für elektronische Aufzeichnungssysteme an die Finanzverwaltung (§ 146a Abs. 4 AO).

Die o. g. Anforderungen hat der Gesetzgeber in der Verordnung zur Bestimmung der technischen Anforderungen an elektronische Aufzeichnungs- und Sicherungssysteme im Geschäftsverkehr (Kassensicherungsverordnung – KassenSichV) vom 26.09.2017 konkretisiert (BGBl. I S. 3515).

Die o. g. technische Sicherheitseinrichtung (TSE) soll ab 01.01.2020 die Absicherung erzeugter Kassendaten übernehmen und diese in einem einheitlichen Format speichern. Dazu hat das Bundesamt für Sicherheit in der Informationstechnik (BSI) am 06.06.2018 die Technische Richtlinie BSI TR-03153 veröffentlicht, die verbindliche Vorgaben an die TSE definiert, mit denen die digitalen Grundaufzeichnungen elektronischer Aufzeichnungssysteme i. S. d. § 146a AO künftig geschützt werden müssen.[90] Die Richtlinie dient auch als Grundlage für die Zertifizierung der TSE. Neben der Richtlinie werden weitere Anforderungen an die Eigenschaften des Sicherheitsmoduls in sog. Schutzprofilen definiert. Weitergehende Informationen stehen auf der Internetseite *www.bsi.bund.de* zum Download bereit.

Zum Zeitpunkt der Drucklegung dieser Brancheninformation sind noch keine elektronischen Aufzeichnungssysteme erhältlich, die den ab 01.01.2020 geltenden Standards bereits heute entsprechen. Bei ggf. bevorstehender Investition in ein Kassensystem lässt sich zum Zeitpunkt der Drucklegung dieses Werks daher nur empfehlen,

- eine Kasse zu erwerben, die die Geschäftsvorfälle einzeln unter Aufzeichnung von Sequenznummern und Uhrzeiten (Zeitstempel) dauerhaft speichert, den Anforderungen der GoBD vom 14.11.2014 und des BMF-Schreibens vom 26.11.2010 gerecht wird und möglichst über ein GoBD-Testat verfügt. Es entfaltet zwar keine Bindungswirkung gegenüber der Finanz-

---

[90] BStBl. 2018, I S. 701.

9 Ausblick auf den 01.01.2020

verwaltung, kann dem Gastwirt aber als Entscheidungskriterium dienen (GoBD, Rz. 179 ff.). Vorsichtig lässt sich allenfalls sagen, dass ein Zertifikat oder Testat i. S. v. „GoBD-Konformität" dahingehend verstanden werden kann, dass die verwendete Software die Einhaltung der GoBD bei ordnungsgemäßer Anwendung **ermöglicht**. Dies gilt umso mehr, als weitere Kriterien (z. B. Release-Wechsel, Updates, Vollständigkeit und Richtigkeit der eingegebenen Daten) erheblichen Einfluss auf die Ordnungsmäßigkeit des DV-Systems und damit auf Bücher und sonst erforderliche Aufzeichnungen haben können.

- eine Prognose des Kassenherstellers oder Kassendienstleisters einzuholen, ob die ab 01.01.2020 erforderliche technische Sicherheitseinrichtung nachträglich implementiert werden könnte.

Für elektronische Aufzeichnungssysteme, die seitens des Herstellers nicht oder nicht rechtzeitig zum 01.01.2020 mit der neuen Sicherheitseinrichtung (TSE) ausgestattet werden können, gilt gemäß Artikel 97 § 30 EGAO folgende Übergangsregel:

9 Ausblick auf den 01.01.2020

„Wurden Registrierkassen nach dem 25.11.2010 und vor dem 01.01.2020 angeschafft, die den Anforderungen des BMF-Schreibens vom 26.11.2010 (BStBl. I S. 1342) entsprechen und die bauartbedingt nicht aufrüstbar sind, sodass sie die Anforderungen des § 146a AO nicht erfüllen, dürfen diese Registrierkassen bis zum 31.12.2022 weiter verwendet werden."

10 Richtsätze

Das BMF gab zuletzt für das Jahr 2016 die amtliche Richtsatzsammlung heraus. Sie ist ein Hilfsmittel (Anhaltspunkt) für die Finanzverwaltung, Umsätze und Gewinne der Gewerbetreibenden zu verproben und ggf. bei Fehlen anderer geeigneter Unterlagen zu schätzen (§ 162 AO). Die Richtsätze werden auf der Grundlage vergangener Betriebsprüfungen ermittelt und stellen auf die Verhältnisse des Normalbetriebs ab (Einzelunternehmen mit Gewinnermittlung nach §§ 4 Abs. 1, 5 EStG). Sie können auch auf Betriebe mit Gewinnermittlung nach § 4 Abs. 3 EStG angewendet werden. Besonderheiten im zu beurteilenden Betrieb sind zu beachten. Weitere Informationen können den Vorbemerkungen der Richtsatzsammlung entnommen werden (abrufbar unter *www.bundesfinanzministerium.de*).

10 Richtsätze

10.1 Ermittlung der Richtsätze

Ermittlung der Richtsätze

Wirtschaftlicher Umsatz
./. Waren-/ Materialeinsatz
= Rohgewinn I
./. Einsatz an Fertigungslöhnen (entfällt)
= Rohgewinn II
./. allgemeine sachliche Betriebsaufwendungen
= Halbreingewinn
./. besondere sachliche und personelle Betriebsaufwendungen
= Reingewinn

Amtliche Richtsatzsammlung 2016 (Quelle: BMF)

> **Hinweis**
>
> Kalkulationsdifferenzen sind häufig logische Konsequenz nachlässig angefertigter **Inventuren**. Sie müssen vollständig und einschließlich der Naturalrabatte aufgenommen werden, da sie beträchtliche Auswirkung auf Nachkalkulationen haben (Wechselwirkung). Zu niedrig erfasste Werte führen zu einem erhöhten Wareneinsatz, zu hohe Werte lassen ggf. Schlüsse auf nicht plausiblen Verbrauch zu. Bei Gewinnermittlung nach § 4 Abs. 3 EStG besteht keine Verpflichtung zur Erstellung von Inventuren. Gleichwohl empfiehlt sich auch hier, die Bestände freiwillig festzuhalten und im Rahmen einer Prüfung oder Nachschau vorzulegen, um ggf. im Raum stehende Kalkulationsdifferenzen erklärbar machen zu können.

10.2 Gast-, Speise- und Schankwirtschaften

Rohgewinnaufschlag auf Waren-/Materialeinsatz	Rohgewinn I	Rohgewinn II	Halbreingewinn	Reingewinn
		in % des wirtschaflichen Umsatzes		
186-376	65-79		33-65	8-38
257	72		49	22

Bei Restaurants mit asiatischem Speiseangebot liegt der Rohgewinnaufschlag in der oberen Rahmenhälfte.

10.3 Pizzerien

Wirtschaftlicher Umsatz	Rohgewinnaufschlag auf Waren-/Materialeinsatz	Rohgewinn I	Rohgewinn II	Halbreingewinn	Reingewinn
		in % des wirtschaflichen Umsatzes			
bis 150.000 Euro	203-400	67-80		33-61	13-45
Mittelwert	270	73		48	30
über 150.000 Euro	203-400	67-80		33-61	10-35
Mittelwert	270	73		48	22

Die Werte sind maßgebend, soweit überwiegend Pizzagerichte und Teigwaren im Warenangebot enthalten sind. Andernfalls gelten die Richtsätze für Gast-, Speise- und Schankwirtschaften (ggf. Zwischenwerte).

10.4 Imbissbetriebe

Wirtschaftlicher Umsatz	Rohgewinnaufschlag auf Waren-/ Materialeinsatz	Rohgewinn I	Rohgewinn II	Halbreingewinn	Reingewinn
		in % des wirtschaflichen Umsatzes			
bis 100.000 Euro	144-376	59-79		32-63	15-46
Mittelwert	223	69		48	31
über 100.000 Euro	144-376	59-79		32-63	9-39
Mittelwert	223	69		48	23

Handelt es sich um einen Imbissbetrieb mit asiatischem Speiseangebot, liegt der Rohgewinnaufschlag in der oberen Rahmenhälfte.

11 Abgrenzung von Lief. & so. Leistungen bei Abgabe von Speisen & Getränken

11.1 Abschn. 3.6 UStAE

(1) Verzehrfertig zubereitete Speisen können sowohl im Rahmen einer ggfs. ermäßigt besteuerten Lieferung als auch im Rahmen einer nicht ermäßigt besteuerten sonstigen Leistung abgegeben werden. Die Abgrenzung von Lieferungen und sonstigen Leistungen richtet sich dabei nach allgemeinen Grundsätzen. Nach Artikel 6 Abs. 1 MwStVO gilt die Abgabe zubereiteter oder nicht zubereiteter Speisen und/oder von Getränken zusammen mit ausreichenden unterstützenden Dienstleistungen, die deren sofortigen Verzehr ermöglichen, als sonstige Leistung. Die Abgabe von Speisen und/oder Getränken ist nur eine Komponente der gesamten Leistung, bei der der Dienstleistungsanteil qualitativ überwiegt. Ob der Dienstleistungsanteil qualitativ überwiegt, ist nach dem Gesamtbild der Verhältnisse des Umsatzes zu beurteilen. Bei dieser wertenden Gesamtbetrachtung aller Umstände des Einzelfalls sind nur solche Dienstleistungen zu berücksichtigen, die sich von denen unterscheiden, die notwendig mit der Vermarktung der Speisen verbunden sind (vgl. Absatz 3). Dienstleistungselemente, die notwendig mit der Vermarktung von Lebensmitteln verbunden sind, bleiben bei der vorzunehmenden Prüfung unberücksichtigt (vgl. Absatz 2). Ebenso sind

11 Abgrenzung von Lieferungen & sonstigen Leistungen bei der Abgabe von Speisen & Getränken (Abschn. 3.6. UStAE)

Dienstleistungen des speiseabgebenden Unternehmers oder Dritter, die in keinem Zusammenhang mit der Abgabe von Speisen stehen (z. B. Vergnügungsangebote in Freizeitparks, Leistungen eines Pflegedienstes oder Gebäudereinigungsleistungen außerhalb eigenständiger Cateringverträge), nicht in die Prüfung einzubeziehen.

(2) Insbesondere folgende Elemente sind notwendig mit der Vermarktung verzehrfertiger Speisen verbunden und im Rahmen der vorzunehmenden Gesamtbetrachtung nicht zu berücksichtigen:

- Darbietung von Waren in Regalen.
- Zubereitung der Speisen.
- Transport der Speisen und Getränke zum Ort des Verzehrs einschließlich der damit in Zusammenhang stehenden Leistungen wie Kühlen oder Wärmen, der hierfür erforderlichen Nutzung von besonderen Behältnissen und Geräten sowie der Vereinbarung eines festen Lieferzeitpunkts.
- Übliche Nebenleistungen (z. B. Verpacken, Beigabe von Einweggeschirr oder -besteck).
- Bereitstellung von Papierservietten.
- Abgabe von Senf, Ketchup, Mayonnaise, Apfelmus oder ähnlicher Beigaben.
- Bereitstellung von Abfalleimern an Kiosken, Verkaufsständen, Würstchenbuden usw.

11 Abgrenzung von Lieferungen & sonstigen Leistungen bei der Abgabe von Speisen & Getränken (Abschn. 3.6. UStAE)

- Bereitstellung von Einrichtungen und Vorrichtungen, die in erster Linie dem Verkauf von Waren dienen (z. B. Verkaufstheken und -tresen sowie Ablagebretter an Kiosken, Verkaufsständen, Würstchenbuden usw.).
- Bloße Erstellung von Leistungsbeschreibungen (z. B. Speisekarten oder -pläne).
- Allgemeine Erläuterung des Leistungsangebots.
- Einzug des Entgelts für Schulverpflegung von den Konten der Erziehungsberechtigten.

Die Abgabe von zubereiteten oder nicht zubereiteten Speisen mit oder ohne Beförderung, jedoch ohne andere unterstützende Dienstleistungen, stellt stets eine Lieferung dar (Artikel 6 Abs. 2 MwStVO). Die Sicherstellung der Verzehrfertigkeit während des Transports (z. B. durch Warmhalten in besonderen Behältnissen) sowie die Vereinbarung eines festen Zeitpunkts für die Übergabe der Speisen an den Kunden sind unselbstständiger Teil der Beförderung und daher nicht gesondert zu berücksichtigen. Die Abgabe von Waren aus Verkaufsautomaten ist stets eine Lieferung.

(3) Nicht notwendig mit der Vermarktung von Speisen verbundene und damit für die Annahme einer Lieferung schädliche Dienstleistungselemente liegen vor, soweit sich der leistende Unternehmer nicht auf die Ausübung der Handels- und Verteilerfunktion des Lebensmittelein-

zelhandels und des Lebensmittelhandwerks beschränkt (vgl. BFH-Urteil vom 24.11.1988, V R 30/83, BStBl 1989 II S. 210). Insbesondere die folgenden Elemente sind nicht notwendig mit der Vermarktung von Speisen verbunden und daher im Rahmen der Gesamtbetrachtung zu berücksichtigen:

- Bereitstellung einer die Bewirtung fördernden Infrastruktur (vgl. Absatz 4).

- Servieren der Speisen und Getränke.

- Gestellung von Bedienungs-, Koch- oder Reinigungspersonal.

- Durchführung von Service-, Bedien- oder Spülleistungen im Rahmen einer die Bewirtung fördernden Infrastruktur oder in den Räumlichkeiten des Kunden.

- Nutzungsüberlassung von Geschirr oder Besteck.

- Überlassung von Mobiliar (z. B. Tischen und Stühlen) zur Nutzung außerhalb der Geschäftsräume des Unternehmers.

- Reinigung bzw. Entsorgung von Gegenständen, wenn die Überlassung dieser Gegenstände ein berücksichtigungsfähiges Dienstleistungselement darstellt (vgl. BFH-Urteil vom 10.08.2006, V R 55/04, BStBl 2007 II S. 480).

- Individuelle Beratung bei der Auswahl der Speisen und Getränke.

11 Abgrenzung von Lieferungen & sonstigen Leistungen bei der Abgabe von Speisen & Getränken (Abschn. 3.6. UStAE)

- Beratung der Kunden hinsichtlich der Zusammenstellung und Menge von Mahlzeiten für einen bestimmten Anlass.

Erfüllen die überlassenen Gegenstände (Geschirr, Platten etc.) vornehmlich Verpackungsfunktion, stellt deren Überlassung kein berücksichtigungsfähiges Dienstleistungselement dar. In diesem Fall ist auch die anschließende Reinigung bzw. Entsorgung der überlassenen Gegenstände bei der Gesamtbetrachtung nicht zu berücksichtigen.

BEREITSTELLUNG EINER DIE BEWIRTUNG FÖRDERNDEN INFRASTRUKTUR

(4) Die Bereitstellung einer die Bewirtung fördernden Infrastruktur stellt ein im Rahmen der Gesamtbetrachtung zu berücksichtigendes Dienstleistungselement dar. Zu berücksichtigen ist dabei insbesondere die Bereitstellung von Vorrichtungen, die den bestimmungsgemäßen Verzehr der Speisen und Getränke an Ort und Stelle fördern sollen (z. B. Räumlichkeiten, Tische und Stühle oder Bänke, Bierzeltgarnituren). Auf die Qualität der zur Verfügung gestellten Infrastruktur kommt es nicht an. Daher genügt eine Abstellmöglichkeit für Speisen und Getränke mit Sitzgelegenheit für die Annahme einer sonstigen Leistung (vgl. BFH-Urteil vom 30.06.2011, V R 18/10, BStBl 2013 II S. 246). Daneben sind beispielsweise die Bereitstellung von Garderoben und Toiletten in die Gesamtbetrachtung einzubeziehen. Eine in erster Linie zur Förderung der

11 Abgrenzung von Lieferungen & sonstigen Leistungen bei der Abgabe von Speisen & Getränken (Abschn. 3.6. UStAE)

Bewirtung bestimmte Infrastruktur muss nicht einer ausschließlichen Nutzung durch die verzehrenden Kunden vorbehalten sein. Duldet der Unternehmer daneben eine Nutzung durch andere Personen, steht dies einer Berücksichtigung nicht entgegen. Vorrichtungen, die nach ihrer Zweckbestimmung im Einzelfall nicht in erster Linie dazu dienen, den Verzehr von Speisen und Getränken zu erleichtern (z. B. Stehtische und Sitzgelegenheiten in den Wartebereichen von Kinofoyers sowie die Bestuhlung in Kinos, Theatern und Stadien, Parkbänke im öffentlichen Raum, Nachttische in Kranken- und Pflegezimmern), sind nicht zu berücksichtigen (vgl. BFH-Urteil vom 30.06.2011, V R 3/07, BStBl 2013 II S. 241). Dies gilt auch dann, wenn sich an diesen Gegenständen einfache, behelfsmäßige Vorrichtungen befinden, die den Verzehr fördern sollen (z. B. Getränkehalter, Ablagebretter). Nicht zu berücksichtigen sind außerdem behelfsmäßige Verzehrvorrichtungen, wie z. B. Verzehrtheken ohne Sitzgelegenheit oder Stehtische. Sofern die Abgabe der Speisen und Getränke zum Verzehr vor Ort erfolgt, kommt es jedoch nicht darauf an, dass sämtliche bereitgestellte Einrichtungen tatsächlich genutzt werden. Vielmehr ist das bloße Zur-Verfügung-Stellen ausreichend. In diesem Fall ist auf sämtliche Vor-Ort-Umsätze der allgemeine Steuersatz anzuwenden. Für die Berücksichtigung einer die Bewirtung fördernden Infrastruktur ist die Zweckabrede zum Zeitpunkt des Vertragsabschlusses maßgeblich. Bringt der Kunde zum Aus-

11 Abgrenzung von Lieferungen & sonstigen Leistungen bei der Abgabe von Speisen & Getränken (Abschn. 3.6. UStAE)

druck, dass er eine Speise vor Ort verzehren will, nimmt diese anschließend jedoch mit, bleibt es bei der Anwendung des allgemeinen Umsatzsteuersatzes. Werden Speisen sowohl unter Einsatz von nicht zu berücksichtigenden Infrastrukturelementen (z. B. in Wartebereichen von Kinos) als auch hiervon getrennt in Gastronomiebereichen abgegeben, ist eine gesonderte Betrachtung der einzelnen Bereiche vorzunehmen.

(5) Die in Absatz 3 genannten Elemente sind nur dann zu berücksichtigen, wenn sie dem Kunden vom speiseabgebenden Unternehmer im Rahmen einer einheitlichen Leistung zur Verfügung gestellt werden und vom Leistenden ausschließlich dazu bestimmt wurden, den Verzehr von Lebensmitteln zu erleichtern (vgl. BFH-Urteil vom 30.06.2011, V R 18/10, BStBl 2013 II S. 246). Von Dritten erbrachte Dienstleistungselemente sind grundsätzlich nicht zu berücksichtigen. Voraussetzung für eine Nichtberücksichtigung ist, dass der Dritte unmittelbar gegenüber dem verzehrenden Kunden tätig wird. Es ist daher im Einzelfall – ggf. unter Berücksichtigung von getroffenen Vereinbarungen – zu prüfen, inwieweit augenscheinlich von einem Dritten erbrachte Dienstleistungselemente dem speiseabgebenden Unternehmer zuzurechnen sind. Leistet der Dritte an diesen Unternehmer und dieser wiederum an den Kunden, handelt es sich um ein Dienstleistungselement des speiseabgebenden Unternehmers, das im Rahmen der Gesamtbetrachtung zu berücksichtigen ist.

11 Abgrenzung von Lieferungen & sonstigen Leistungen bei der Abgabe von Speisen & Getränken (Abschn. 3.6. UStAE)

(6) Die in den Absätzen 1 bis 5 dargestellten Grundsätze gelten gleichermaßen für Imbissstände wie für Verpflegungsleistungen in Kindertagesstätten, Schulen und Kantinen, Krankenhäusern, Pflegeheimen oder ähnlichen Einrichtungen, bei Leistungen von Catering-Unternehmen (Partyservice) und Mahlzeitendiensten („Essen auf Rädern"). Sie gelten ebenso für unentgeltliche Wertabgaben. Ist der Verzehr durch den Unternehmer selbst als sonstige Leistung anzusehen, liegt eine unentgeltliche Wertabgabe § 3 Abs. 9a Nr. 2 UStG vor, die dem allgemeinen Steuersatz unterliegt. Für unentgeltliche Wertabgaben nach § 3 Abs. 1b UStG – z. B. Entnahme von Nahrungsmitteln durch einen Gastwirt zum Verzehr in einer von der Gaststätte getrennten Wohnung – kommt der ermäßigte Steuersatz in Betracht. Auf die jährlich im BStBl Teil I veröffentlichten Pauschbeträge für unentgeltliche Wertabgaben (Sachentnahmen) wird hingewiesen.

Beispiel 1: Der Betreiber eines Imbissstandes gibt verzehrfertige Würstchen, Pommes frites usw. an seine Kunden in Pappbehältern oder auf Mehrweggeschirr ab. Der Kunde erhält dazu eine Serviette, Einweg- oder Mehrwegbesteck und auf Wunsch Ketchup, Mayonnaise oder Senf. Der Imbissstand verfügt über eine Theke, an der Speisen im Stehen eingenommen werden können. Der Betreiber hat vor dem Stand drei Stehtische aufgestellt. 80 % der Speisen werden zum sofortigen Verzehr abgegeben. 20 % der Speisen werden zum Mitnehmen abgegeben.

11 Abgrenzung von Lieferungen & sonstigen Leistungen bei der Abgabe von Speisen & Getränken (Abschn. 3.6. UStAE)

Unabhängig davon, ob die Kunden die Speisen zum Mitnehmen oder zum Verzehr an Ort und Stelle erwerben, liegen insgesamt begünstigte Lieferungen im Sinne des § 12 Abs. 2 Nr. 1 UStG vor. Die erbrachten Dienstleistungselemente (Bereitstellung einfachster Verzehrvorrichtungen wie einer Theke und Stehtischen sowie von Mehrweggeschirr) führen bei einer wertenden Gesamtbetrachtung des Vorgangs auch hinsichtlich der vor Ort verzehrten Speisen nicht zur Annahme einer sonstigen Leistung (vgl. BFH-Urteil vom 08.06.2011, XI R 37/08, BStBl 2013 II S. 238, und vom 30.06.2011, V R 35/08, BStBl 2013 II S. 224). Die Qualität der Speisen und die Komplexität der Zubereitung haben auf die Beurteilung des Sachverhalts keinen Einfluss.

Beispiel 2: Wie Beispiel 1, jedoch verfügt der Imbissstand neben den Stehtischen über aus Bänken und Tischen bestehende Bierzeltgarnituren, an denen die Kunden die Speisen einnehmen können.

Soweit die Speisen zum Mitnehmen abgegeben werden, liegen begünstigte Lieferungen im Sinne des § 12 Abs. 2 Nr. 1 UStG vor. Soweit die Speisen zum Verzehr vor Ort abgegeben werden, liegen nicht begünstigte sonstige Leistungen im Sinne des § 3 Abs. 9 UStG vor. Mit der Bereitstellung der Tische und der Sitzgelegenheiten wird die Schwelle zum Restaurationsumsatz überschritten (vgl. BFH-Urteil vom 30.06.2011, V R 18/10, BStBl 2013 II S. 246). Auf die tatsächliche Inanspruchnahme der Sitzgelegenheiten kommt es nicht an. Maßgeblich ist die Absichtserklärung des Kunden, die Speisen vor Ort verzehren zu wollen.

11 Abgrenzung von Lieferungen & sonstigen Leistungen bei der Abgabe von Speisen & Getränken (Abschn. 3.6. UStAE)

Beispiel 3: Der Catering-Unternehmer A verabreicht in einer Schule auf Grund eines mit dem Schulträger geschlossenen Vertrags verzehrfertig angeliefertes Mittagessen. A übernimmt mit eigenem Personal die Ausgabe des Essens, die Reinigung der Räume sowie der Tische, des Geschirrs und des Bestecks.

Es liegen nicht begünstigte sonstige Leistungen im Sinne des § 3 Abs. 9 UStG vor. Neben den Speisenlieferungen werden Dienstleistungen erbracht, die nicht notwendig mit der Vermarktung von Speisen verbunden sind (Bereitstellung von Verzehrvorrichtungen, Reinigung der Räume sowie der Tische, des Geschirrs und des Bestecks) und die bei Gesamtbetrachtung des Vorgangs das Lieferelement qualitativ überwiegen.

Beispiel 4: Ein Schulverein bietet in der Schule für die Schüler ein Mittagessen an. Das verzehrfertige Essen wird von dem Catering-Unternehmer A dem Schulverein in Warmhaltebehältern zu festgelegten Zeitpunkten angeliefert und anschließend durch die Mitglieder des Schulvereins an die Schüler ausgegeben. Das Essen wird von den Schülern in einem Mehrzweckraum, der über Tische und Stühle verfügt, eingenommen. Der Schulverein übernimmt auch die Reinigung der Räume sowie der Tische, des Geschirrs und des Bestecks.

Der Catering-Unternehmer A erbringt begünstigte Lieferungen im Sinne des § 12 Abs. 2 Nr. 1 UStG, da sich seine Leistung auf die Abgabe von zubereiteten Speisen und deren Beförderung ohne andere unterstützende Dienstleistungen beschränkt.

11 Abgrenzung von Lieferungen & sonstigen Leistungen bei der Abgabe von Speisen & Getränken (Abschn. 3.6. UStAE)

Der Schulverein erbringt sonstige Leistungen im Sinne des § 3 Abs. 9 UStG. Neben den Speisenlieferungen werden Dienstleistungen erbracht, die nicht notwendig mit der Vermarktung von Speisen verbunden sind (Bereitstellung von Verzehrvorrichtungen, Reinigung der Räume sowie der Tische, des Geschirrs und des Bestecks) und die bei Gesamtbetrachtung des Vorgangs das Lieferelement qualitativ überwiegen. Bei Vorliegen der weiteren Voraussetzungen können die Umsätze dem ermäßigten Steuersatz nach § 12 Abs. 2 Nr. 8 UStG unterliegen.

Beispiel 5: Wie Beispiel 4, jedoch beliefert der Catering-Unternehmer A den Schulverein mit Tiefkühlgerichten. Er stellt hierfür einen Tiefkühlschrank und ein Auftaugerät (Regeneriertechnik) zur Verfügung. Die Endbereitung der Speisen (Auftauen und Erhitzen) sowie die Ausgabe erfolgt durch den Schulverein. Der Catering-Unternehmer A erbringt begünstigte Lieferungen im Sinne des § 12 Abs. 2 Nr. 1 UStG. Die Bereitstellung der Regeneriertechnik stellt eine Nebenleistung zur Speisenlieferung dar.

Beispiel 6: Ein Unternehmer beliefert ein Krankenhaus mit Mittag- und Abendessen für die Patienten. Er bereitet die Speisen nach Maßgabe eines mit dem Leistungsempfänger vereinbarten Speiseplans in der Küche des auftraggebenden Krankenhauses fertig zu. Die Speisen werden zu festgelegten Zeitpunkten in Großgebinden an das Krankenhauspersonal übergeben, das den Transport auf die Stationen, die Portionierung und Ausgabe der Speisen an die Patienten sowie die anschließende Reinigung des Geschirrs und Bestecks übernimmt.

11 Abgrenzung von Lieferungen & sonstigen Leistungen bei der Abgabe von Speisen & Getränken (Abschn. 3.6. UStAE)

Es liegen begünstigte Lieferungen im Sinne des § 12 Abs. 2 Nr. 1 UStG vor, da sich die Leistung des Unternehmers auf die Abgabe von zubereiteten Speisen ohne andere unterstützende Dienstleistungen beschränkt. Die durch das Krankenhauspersonal erbrachten Dienstleistungselemente sind bei der Beurteilung des Gesamtvorgangs nicht zu berücksichtigen.

Beispiel 7: Sachverhalt wie im Beispiel 6. Ein Dritter ist jedoch verpflichtet, das Geschirr und Besteck in der Küche des Krankenhauses zu reinigen.

Soweit dem Unternehmer die durch den Dritten erbrachten Spülleistungen nicht zuzurechnen sind, beschränkt sich seine Leistung auch in diesem Fall auf die Abgabe von zubereiteten Speisen ohne andere unterstützende Dienstleistungen. Es liegen daher ebenfalls begünstigte Lieferungen an das Krankenhaus vor.

Beispiel 8: Ein Unternehmer bereitet mit eigenem Personal die Mahlzeiten für die Patienten in der angemieteten Küche eines Krankenhauses zu, transportiert die portionierten Speisen auf die Stationen und reinigt das Geschirr und Besteck. Die Ausgabe der Speisen an die Patienten erfolgt durch das Krankenhauspersonal.

Es liegen begünstigte Lieferungen im Sinne des § 12 Abs. 2 Nr. 1 UStG vor. Die Reinigung des Geschirrs und Bestecks ist im Rahmen der Gesamtbetrachtung nicht zu berücksichtigen, da die Überlassung dieser Gegenstände kein berücksichtigungsfähiges Dienstleistungselement darstellt.

11 Abgrenzung von Lieferungen & sonstigen Leistungen bei der Abgabe von Speisen & Getränken (Abschn. 3.6. UStAE)

Beispiel 9: Eine Metzgerei betreibt einen Partyservice. Nachdem der Unternehmer die Kunden bei der Auswahl der Speisen, deren Zusammenstellung und Menge individuell beraten hat, bereitet er ein kalt-warmes Büffet zu. Die fertig belegten Platten und Warmhaltebehälter werden von den Kunden abgeholt oder von der Metzgerei zu den Kunden geliefert. Die leeren Platten und Warmhaltebehälter werden am Folgetag durch den Metzger abgeholt und gereinigt.

Es liegen begünstigte Lieferungen im Sinne des § 12 Abs. 2 Nr. 1 UStG vor, da sich die Leistung des Unternehmers auf die Abgabe von zubereiteten Speisen, ggf. deren Beförderung sowie die Beratung beschränkt. Die Überlassung der Platten und Warmhaltebehälter besitzt vornehmlich Verpackungscharakter und führt bei der Gesamtbetrachtung des Vorgangs auch zusammen mit dem zu berücksichtigenden Dienstleistungselement „Beratung" nicht zu einem qualitativen Überwiegen der Dienstleistungselemente. Da die Platten und Warmhaltebehälter vornehmlich Verpackungsfunktion besitzen, ist deren Reinigung nicht zu berücksichtigen.

Beispiel 10: Sachverhalt wie Beispiel 9, zusätzlich verleiht die Metzgerei jedoch Geschirr und/oder Besteck, das vor Rückgabe vom Kunden zu reinigen ist.

Es liegen nicht begünstigte sonstige Leistungen im Sinne des § 3 Abs. 9 UStG vor. Das Geschirr erfüllt in diesem Fall keine Verpackungsfunktion. Mit der Überlassung des Geschirrs und des Bestecks in größerer Anzahl tritt daher ein Dienstleistungselement hinzu, durch das der Vorgang bei Betrachtung seines Gesamtbildes als nicht begünstigte sonstige Leistung anzusehen ist. Unerheblich ist dabei, dass das Geschirr und Besteck vom Kunden gereinigt zurückgegeben wird (vgl. BFH-Urteil vom 23. 11. 2011, XI R 6/08, BStBl 2013 II, S. 253).

Beispiel 11: Der Betreiber eines Partyservice liefert zu einem festgelegten Zeitpunkt auf speziellen Wunsch des Kunden zubereitete, verzehrfertige Speisen in warmem Zustand für eine Feier seines Auftraggebers an. Er richtet das Buffet her, indem er die Speisen in Warmhaltevorrichtungen auf Tischen des Auftraggebers anordnet und festlich dekoriert.

Es liegen nicht begünstigte sonstige Leistungen im Sinne des § 3 Abs. 9 UStG vor. Die Überlassung der Warmhaltevorrichtungen erfüllt zwar vornehmlich eine Verpackungsfunktion. Sie führt bei der vorzunehmenden Gesamtbetrachtung des Vorgangs zusammen mit den zu berücksichtigenden Dienstleistungselementen (Herrichtung des Büffets, Anordnung und festliche Dekoration) jedoch zu einem qualitativen Überwiegen der Dienstleistungselemente.

Beispiel 12: Der Betreiber eines Partyservice liefert auf speziellen Wunsch des Kunden zubereitete, verzehrfertige Speisen zu einem festgelegten Zeitpunkt für eine Party seines Auftraggebers an. Der Auftraggeber erhält darüber hinaus Servietten, Einweggeschirr und -besteck. Der Betreiber des Partyservice hat sich verpflichtet, das Einweggeschirr und -besteck abzuholen und zu entsorgen.

Es liegen nicht begünstigte sonstige Leistungen im Sinne des § 3 Abs. 9 UStG vor. Bei der vorzunehmenden Gesamtbetrachtung des Vorgangs überwiegen

11 Abgrenzung von Lieferungen & sonstigen Leistungen bei der Abgabe von Speisen & Getränken (Abschn. 3.6. UStAE)

die zu berücksichtigenden Dienstleistungselemente (Überlassung von Einweggeschirr und -besteck in größerer Anzahl zusammen mit dessen Entsorgung) das Lieferelement qualitativ.

Beispiel 13: Wie Beispiel 12, jedoch entsorgt der Kunde das Einweggeschirr und -besteck selbst.

Es liegen begünstigte Lieferungen im Sinne des § 12 Abs. 2 Nr. 1 UStG vor. Da der Kunde die Entsorgung selbst übernimmt, beschränkt sich die Leistung des Unternehmers auf die Abgabe von zubereiteten Speisen und deren Beförderung ohne andere unterstützende Dienstleistungen.

Beispiel 14: Ein Mahlzeitendienst übergibt Einzelabnehmern verzehrfertig zubereitetes Mittag- und Abendessen in Warmhaltevorrichtungen auf vom Mahlzeitendienst zur Verfügung gestelltem Geschirr, auf dem die Speisen nach dem Abheben der Warmhaltehaube als Einzelportionen verzehrfertig angerichtet sind. Dieses Geschirr wird – nach einer Vorreinigung durch die Einzelabnehmer – zu einem späteren Zeitpunkt vom Mahlzeitendienst zurückgenommen und endgereinigt.

Es liegen begünstigte Lieferungen im Sinne des § 12 Abs. 2 Nr. 1 UStG vor. Da das Geschirr vornehmlich eine Verpackungsfunktion erfüllt, überwiegt seine Nutzungsüberlassung sowie Endreinigung das Lieferelement nicht qualitativ. Auf das Material oder die Form des Geschirrs kommt es dabei nicht an.

11 Abgrenzung von Lieferungen & sonstigen Leistungen bei der Abgabe von Speisen & Getränken (Abschn. 3.6. UStAE)

Beispiel 15: Ein Mahlzeitendienst übergibt Einzelabnehmern verzehrfertig zubereitetes Mittag- und Abendessen in Transportbehältnissen und Warmhaltevorrichtungen, die nicht dazu bestimmt sind, dass Speisen von diesen verzehrt werden. Die Ausgabe der Speisen auf dem Geschirr der Einzelabnehmer und die anschließende Reinigung des Geschirrs und Bestecks in der Küche der Einzelabnehmer übernimmt der Pflegedienst des Abnehmers. Zwischen Mahlzeiten- und Pflegedienst bestehen keine Verbindungen.

Es liegen begünstigte Lieferungen im Sinne des § 12 Abs. 2 Nr. 1 UStG vor, da sich die Leistung des Mahlzeitendienstes auf die Abgabe von zubereiteten Speisen und deren Beförderung ohne andere unterstützende Dienstleistungen beschränkt. Die Leistungen des Pflegedienstes sind bei der Beurteilung des Gesamtvorgangs nicht zu berücksichtigen.

Beispiel 16: Verschiedene Unternehmer bieten in einem zusammenhängenden Teil eines Einkaufszentrums diverse Speisen und Getränke an. In unmittelbarer Nähe der Stände befinden sich Tische und Stühle, die von allen Kunden der Unternehmer gleichermaßen genutzt werden können (sog. „Food Court"). Für die Rücknahme des Geschirrs stehen Regale bereit, die von allen Unternehmern genutzt werden.

Soweit die Speisen zum Mitnehmen abgegeben werden, liegen begünstigte Lieferungen im Sinne des § 12 Abs. 2 Nr. 1 UStG vor. Soweit die Speisen zum Verzehr vor Ort abgegeben werden, liegen nicht begünstigte sonstige Leistungen im Sinne des § 3 Abs. 9 UStG vor. Maßgeblich ist die Absichtserklärung des Kunden, die Speisen mitnehmen oder vor

11 Abgrenzung von Lieferungen & sonstigen Leistungen bei der Abgabe von Speisen & Getränken (Abschn. 3.6. UStAE)

Ort verzehren zu wollen. Die gemeinsam genutzte Infrastruktur ist allen Unternehmern zuzurechnen. Einer Berücksichtigung beim einzelnen Unternehmer steht nicht entgegen, dass die Tische und Stühle auch von Personen genutzt werden, die keine Speisen oder Getränke verzehren.

12 DATEV-Lösungen

12.1 DATEV Kassenbuch online

12.1.1 Einführung

DATEV Kassenbuch online ist ein Bestandteil des Pakets DATEV Unternehmen online. Mit DATEV Kassenbuch online steht Ihnen und Ihrem steuerlichen Berater ein DATEV-Programm zur Verfügung, welches das Erfassen und Bearbeiten von Kassenbelegsätzen direkt im Internet ermöglicht. Zu den organisatorischen Anforderungen der Nutzung von DATEV Kassenbuch online sprechen Sie bitte Ihren Steuerberater an oder informieren Sie sich auf unserer Internetpräsenz, abrufbar unter *www.datev.de*.

12.1.2 Programmziel

Mit DATEV Kassenbuch online können Kassenbelege browserunterstützt über das Internet erfasst werden.

Während der Belegerfassung unterstützt Sie das Programm durch laufende Prüfung der Eingaben (Kassenminus, Chronologie, Vollständigkeit) bei der Einhaltung der relevanten Ordnungsmäßigkeitsanforderungen (insb. GoBD). Die Ordnungsmäßigkeit der Anwendung wurde durch eine Wirtschaftsprüfungsgesellschaft testiert.

12 DATEV-Lösungen

Die in DATEV Kassenbuch online erfassten Daten können über das DATEV-Rechenzentrum in die Finanzbuchführung mit den DATEV Rechnungswesen-Programme (DATEV Kanzlei-Rechnungswesen/ DATEV Rechnungswesen) übernommen werden. Dort können fehlende Angaben ergänzt werden, ebenso lässt sich in den DATEV Rechnungswesen-Programmen die Kontierung mit Hilfe einer Lerndatei weitgehend automatisieren.

12.1.3 Programminhalt

Programmleistung	Anwendernutzen
■ Belegerfassung im Internet.	■ Minimaler Installations- und Wartungsaufwand.
■ Erfassung vom Belegbild (i. V. m. Nutzung von Belege online).	■ Nachvollziehbarkeit; Verbindung zwischen Buchungssatz und Beleg.
■ Anlage mehrerer Kassen.	■ Paralleles Arbeiten im gleichen Bestand.
	■ Flexible Anpassung an die Organisationsstruktur.
■ Laufende Prüfung der Eingaben (Kassenminus, Chronologie, Vollständigkeit).	■ Unterstützung der ordnungsmäßigen Kassenbuchführung (Testat für Kassenbuch online liegt vor).

Programmleistung	Anwendernutzen
■ Optional erweiterbare Erfassungsmaske mit Eingabemöglichkeit von Steuerschlüssel, Gegenkonto und KOST-Feldern.	■ Vollständige Buchungssatzerfassung möglich.
■ Bereitstellung der erfassten Belegsätze für die DATEV Rechnungswesen-Programme.	■ Übernahme der erfassten Daten in die Finanzbuchführung. ■ Erzeugen von Buchungsvorschlägen. ■ Anzeige des digitalisierten Kassenbelegs beim Buchungsvorschlag, sofern Erfassung vom Belegbild erfolgte.
■ Unmittelbare Speicherung der Belegsätze im DATEV-Rechenzentrum.	■ Hohe Datensicherheit. ■ Datenzugriff für Steuerberater und Mandanten möglich.

12.2 DATEV Datenprüfung comfort

12.2.1 Einführung

Mit dem Programm DATEV Datenprüfung comfort analysieren und untersuchen Sie mit wenigen Mausklicks Kassen- und Finanzbuchführungsdaten automatisiert und vollumfänglich auf GoBD-Konformität, Auffälligkeiten und Unregelmäßigkeiten.

12 DATEV-Lösungen

Sorgen Sie bereits während des laufenden Geschäftsjahres und insbesondere in den Vor- und Hauptsystemen für qualitativ hochwertige Datenbestände. Mit DATEV Datenprüfung comfort regelmäßig durchgeführte Datenanalysen unterstützen Sie dabei und tragen zur Verlässlichkeit Ihrer Daten bei.

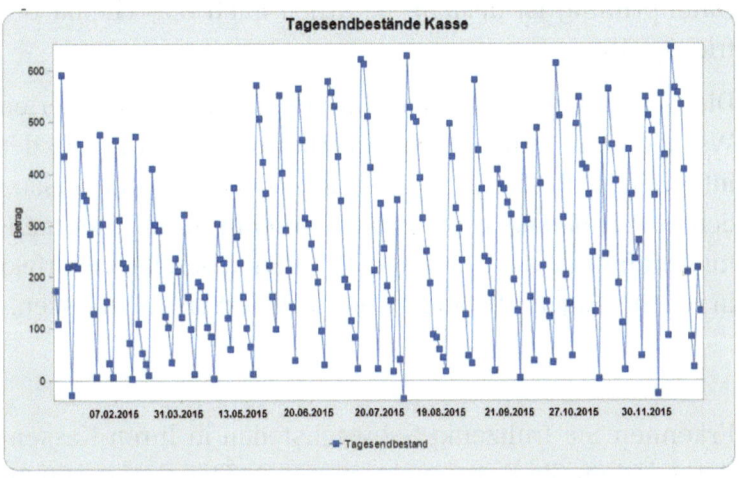

Erkennen Sie zum Beispiel bei der Analyse Ihrer Kassendaten frühzeitig Auffälligkeiten oder Ungereimtheiten, so können Sie rechtzeitig korrigierend reagieren und halten Schaden von Ihrem Unternehmen fern. Oder aber vergleichen Sie z. B. Mengen und Artikel zwischen Registrierkasse und Wareneinkauf und reagieren bei Bedarf frühzeitig.

Worauf wir hinauswollen ist: Wird die Kasse GoBD-konform geführt, steigt das Vertrauen in die Verlässlichkeit Ihrer Daten!

Nichteinhaltung von Regeln kann zu Verlusten und Nachzahlungen führen. Nichterkennung von Risiken können zu Verlusten und im schlimmsten Fall zur Existenzbedrohung führen. Ein weiterer Aspekt für eine regelmäßige Datenprüfung ist deshalb natürlich auch das Thema Betriebsprüfung.

Die Software zeichnet sich durch einen klar gegliederten Workflow mit intuitiver Benutzerführung aus. Mithilfe der integrierten Prüfungsautomatisierung können Sie zusätzlich ein *continuous controls monitoring* in Ihrem Unternehmen einführen und bestimmte Prüfungen bereits im Vorfeld in regelmäßigen Abständen automatisiert ablaufen lassen.

12.2.2 Programmziel

Erkennen Sie frühzeitig Schwachstellen in Ihren Kassendaten indem Sie Datenanalysen mit DATEV Datenprüfung comfort durchführen. Stellen Sie sicher, dass diese in der laufenden Finanzbuchführung spätestens aber im Jahresabschluss verlässlich sind, so dass Sie beruhigt und gelassen einer Kassenprüfung entgegensehen können.

Dazu werden die zu prüfenden Daten aus DATEV- oder Fremdprogrammen importiert und mit einer Vielzahl vordefinierter Prüfungsschritte analysiert.

12 DATEV-Lösungen

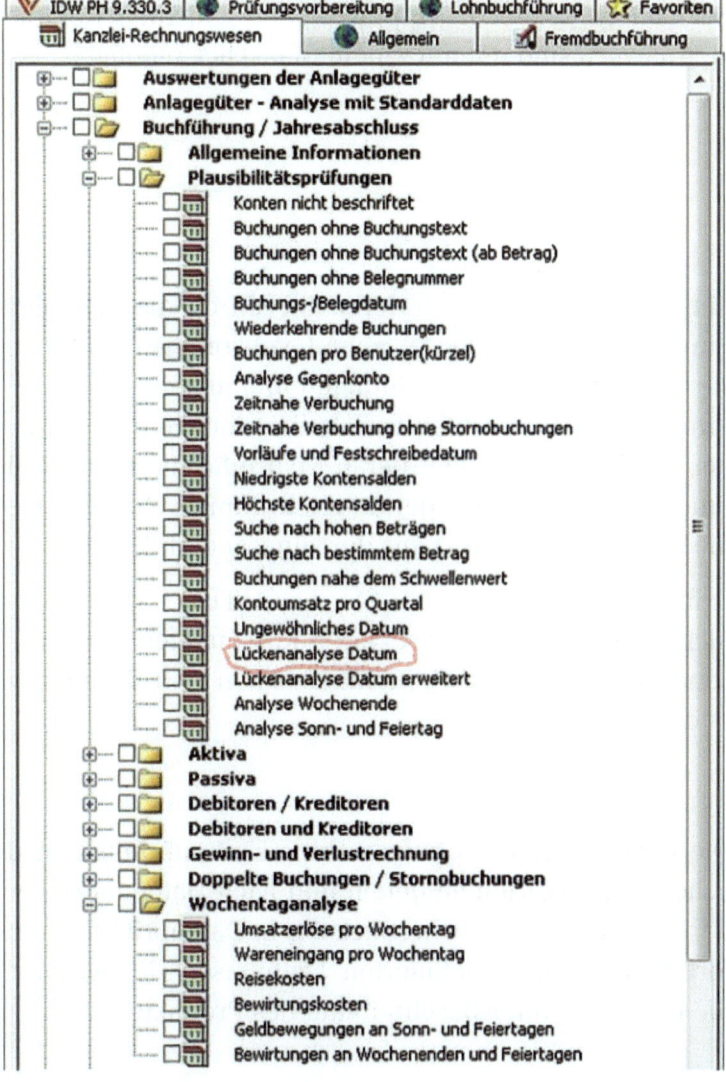

Darüber hinaus können Sie Ihre Daten vollkommen individuell filtern, sortieren, gruppieren und schichten. Komplexe Analysen sind mit nur einem Mausklick möglich.

Maximalen Nutzen generieren Sie durch die einmalige Einrichtung zeitgesteuerter und vollkommen automatisiert ablaufender Datenprüfungen. Damit können Sie z. B. Ihre Kassendaten kontinuierlich überwachen und werden bei Auffälligkeiten aktiv per E-Mail informiert. Die Prüfungsergebnisse der zugehörigen Prüfungsschritte öffnen Sie ohne Umweg direkt aus der zugesandten E-Mail.

Selbstverständlich können Sie die DATEV Datenprüfung nicht nur für die Analyse Ihrer Kassendaten einsetzen, sondern auch Ihre Unternehmensdaten und die Finanzbuchführung prüfen.

12.2.3 Programminhalt

Die vordefinierten Prüfungsschritte sind auf unterschiedliche Registerkarten aufgeteilt und nach Datenquelle sortiert. Einen aktuellen Überblick der in Datenprüfung comfort vorhanden vordefinierten Prüfungsschritte erhalten Sie in der Leistungsbeschreibung des Produktes.

12 DATEV-Lösungen

Leistung	Ihre Vorteile
Allgemeines	■ Import und Analyse großer Datenmengen, software- und systemunabhängig. ■ Auf das Originalmaterial wird ausschließlich lesend zugegriffen, es bleibt stets unverändert. ■ Durchgängiger klar gegliederter Workflow mit intuitiver Benutzerführung. ■ Grafische Darstellung der Prüfungsergebnisse mit zahlreichen Formatierungs- und Kommentierungsmöglichkeiten.
Vorgänge verwalten	■ Ein Assistent führt durch die Neuanlage. ■ Alle relevanten Vorgangsinformationen auf einen Blick. ■ Jahresübernahme aus dem Vorjahr mit allen eingelesenen Daten, ausgewählten Prüfungsschritten und vorgenommenen Einstellungen spart Zeit bei Folgeprüfungen.
Datenimport aus DATEV Programmen	■ Aus DATEV Kanzlei-Rechnungswesen via Schnittstelle oder im Exportformat für steuerliche Außenprüfungen. ■ OPOS-Daten. ■ Von einer DATEV Rechnungswesen-Archiv-DVD.
Fremddatenimport	■ Exportformat für steuerliche Außenprüfungen. ■ Microsoft Excel-Dateien. ■ Textdateien. ■ Aus einem SAP©-System exportierte Daten. ■ Aus ODBC-Datenquellen.

Leistung	Ihre Vorteile
Importierte Daten mit vorgefertigten Prüfungsschritten prüfen	▪ Mehr als 100 vordefinierte Prüfungsschritte. ▪ Vordefinierte Prüfungsschritte an individuellen Bedarf anpassen. ▪ Prüfungen ohne Programmieraufwand oder spezielles Programmierwissen durchführen.
Importierte Daten manuell prüfen	▪ Daten vollkommen individuell filtern, sortieren, gruppieren und schichten. ▪ Komplexe Analysen sind mit nur einem Mausklick möglich.
Zeitgesteuerte Prüfungen einrichten	▪ Zeitgesteuerte und vollkommen automatisiert ablaufende Datenprüfungen. ▪ Kontinuierliche Überwachung der Finanzbuchführung. ▪ Aktive Information per E-Mail.

Weitere Informationen zu Datenprüfung comfort erhalten Sie im Internet unter *www.datev.de* | **DATEV-Shop** | **Unternehmer** | **Kaufmännische Aufgaben** | **Interne Revision** | **Datenprüfung comfort**.

12.3 DATEV Kassenarchiv online

Zur „GoBD-konformen" Archivierung von elektronischen Kassendaten bietet DATEV das „DATEV Kassenarchiv online" an. Dabei handelt es sich um eine Cloud-Anwendung. Es können elektronische Grundaufzeichnungen aus Kassensystemen und sonstige Dokumente, die in den Anwendungsbereich einer ordnungsgemäßen Kassenführung fallen, archiviert werden. Ist das Kassensystem vom Hersteller mit einer DATEV-Schnittstelle ausgerüstet, werden aufbewahrungspflichtige Kassendaten in die DATEV-Cloud automatisiert übertragen.

Die Dienstleistung DATEV Kassenarchiv online ist ein revisionssicheres Langzeitarchiv für Kassendaten und beinhaltet in der ersten Stufe die Archivierung der Kassendaten (Kassenabschlüsse und deren Einzelaufzeichnungen) im sicheren DATEV-Rechenzentrum für die einfache Bereitstellung der Daten im Rahmen einer steuerlichen Außenprüfung. Der Unternehmer greift jederzeit darauf zu und kann die Daten im Prüfungsfall freigeben.

Auf Basis der einheitlichen digitalen Schnittstelle, welche im Rahmen des Gesetzes zum Schutz vor Manipulationen an digitalen Grundaufzeichnungen ab dem Jahr 2020 für alle elektronischen Kassensysteme verpflichtend wird, lässt sich der Prozess der Kassenführung automatisieren. DATEV Kassenarchiv online vereint somit betriebliche Abläufe mit den gesetzlichen Anforderungen zu einem durchgängigen Prozess.

12 DATEV-Lösungen

Gut für den Unternehmer, denn der hohe Grad an Automatisierung entlastet ihn, sorgt für reibungslose Prozesse und ermöglicht schnellen Zugriff auf die sicher verwahrten Daten. DATEV Kassenarchiv online bildet die Kassenstruktur des Unternehmens nach und wird die durchgängigen Prozesse von der Archivierung über das Kassenbuch bis ins Rechnungswesen unterstützen. Der Prozess wird automatisiert und durch den Steuerberater begleitet.

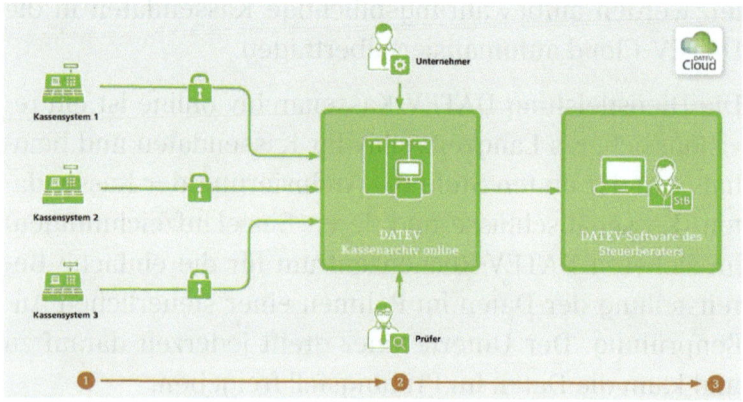

Detailinformationen finden Sie im Online-Portal des Kassenarchives über *www.datev.de/kassenarchiv*. Sprechen Sie hierzu auch Ihren Steuerberater an.